费尔巴哈文集

第 7 卷

从人本学观点论不死问题

荣震华 译

商务印书馆
创于1897 The Commercial Press

Ludwig Feuerbach

DIE UNSTERBLICHKEITSFRAGE VOM STANDPUNKT
DER ANTHROPOLOGIE

本书根据 W. Bolin 和 F. Jodl 所编

Ludwig Feuerbach's sämmtliche Werke

第 1 卷(1903 年 Stuttgart 版)译出

文 献 说 明

一、本文集主要依据的费尔巴哈著作集

1. 德文版《费尔巴哈全集》第 1 版

费尔巴哈的著作在其在世时曾以单行本、小册子及各种文集的形式出版,其本人于 1846 年着手编纂并出版自己的全集(莱比锡,由奥托·维甘德[Otto Wigand]出版),截至 1866 年共出版 10 卷,该版通常被称为《费尔巴哈全集》第 1 版。

第 1 版 10 卷卷名如下:

第 1 卷 *Erläuterungen und Ergänzungen zum Wesen des Chris-tenthums*(1846)

第 2 卷 *Philosophische Kritiken und Grundsätze*(1846)

第 3 卷 *Gedanken über Tod und Unsterblichkeit*(1847)

第 4 卷 *Geschichte der neuern Philosophie von Bacon von Veru-lam bis Benedict Spinoza*(1847)

第 5 卷 *Darstellung, Entwicklung und Kritik der Leibnitz'schen Philosophie*(1848)

第 6 卷 *Pierre Bayle*(1848)

第 7 卷 *Das Wesen des Christenthums*(1849)

第 8 卷 *Vorlesungen über das Wesen der Religion*(1851)

第 9 卷 *Theogonie nach den Quellen des classischen，hebräischen und christlichen Alterthums*(1857)

第 10 卷 *Gottheit，Freiheit und Unsterblichkeit vom Standpunkte der Anthropologie*(1866)

2. 德文版《费尔巴哈全集》第 2 版

1903 年费尔巴哈的友人 W. 博林(W. Bolin)和 F. 约德尔(F. Jodl)为纪念费尔巴哈 100 周年诞辰(1904 年)，从 1903 年到 1911 年，整理出版了 10 卷本的《费尔巴哈全集》(斯图加特，弗罗曼出版社[Frommann])。这部全集通常被称为《费尔巴哈全集》第 2 版，它比《费尔巴哈全集》第 1 版全备，但 W. 博林和 F. 约德尔对著者在世时出版的原本进行了加工，他们不仅改变书法、标点以及拉丁文和其他外文引文的德译，还在许多地方按照自己的意思改变在他们看来过于尖锐的文句，删去他们认为无关紧要的地点。

第 2 版 10 卷卷名如下：

第 1 卷 *Gedanken über Tod und Unsterblichkeit*(1903)

第 2 卷 *Philosophische Kritiken und Grundsätze*(1904)

第 3 卷 *Geschichte der neueren Philosophie von Bacon von Verulam bis Benedikt Spinoza*(1906)

第 4 卷 *Darstellung，Entwicklung und Kritik der Leibniz'schen Philosophie*(1910)

第 5 卷 *Pierre Bayle. Ein Beitrag zur Geschichte der Philosophie und Menschheit*(1905)

第 6 卷 *Das Wesen des Christenthums*(1903)

第 7 卷 *Erläuterungen und Ergänzungen zum Wesen des Chris-*
　　　 tenthums(1903)

第 8 卷 *Vorlesungen über das Wesen der Religion*(1908)

第 9 卷 *Theogonie nach den Quellen des classischen,hebräischen*
　　　 und christlichen Alterthums(1910)

第 10 卷 *Schriften zur Ethik und nachgelassene Aphorismen*
　　　 (1911)

3. 俄文版及中文版《费尔巴哈哲学著作选集》

苏联国家政治书籍出版社 1955 年出版了两卷本的俄文版《费
尔巴哈哲学著作选集》(*Людвиг Фейербах,Избранные философские
произведения,*Госполитиздат,Москва. 1955),该俄译本在遇到第 1
版和第 2 版有歧义时,均恢复了费尔巴哈本人(即第 1 版)的原文。
上卷包含"路德维西·费尔巴哈"(葛利高利扬著)、"黑格尔哲学批
判"、"论'哲学的开端'"、"改革哲学的必要性"、"关于哲学改造的
临时纲要"、"未来哲学原理"、"谢林先生"、"反对身体和灵魂、肉体
和精神的二元论"、"说明我的哲学思想发展过程的片段"、"对《哲
学原理》的批评意见"、"从人本学观点论不死问题"、"论唯灵主义
和唯物主义,特别是从意志自由方面着眼"、"幸福论"以及"法和国
家";下卷包含"基督教的本质"、"因《唯一者及其所有物》而论《基
督教的本质》"、"宗教的本质"以及"宗教本质讲演录"。

商务印书馆 1984 年依据此俄文版《费尔巴哈哲学著作选集》
翻译出版了中文版《费尔巴哈哲学著作选集》,此版本在篇目编排
上依据俄文版《费尔巴哈哲学著作选集》,译文能找到德文的均依
据德文译出,找不到的则依据俄文译出。

此外,俄文版《费尔巴哈哲学著作选集》上下卷卷末均有较长的注释,除介绍了版本信息和内容概要外,还在尾注中对正文内容做了一些补充说明,对了解费尔巴哈的学术思想颇有帮助。商务印书馆 1984 年版《费尔巴哈哲学著作选集》翻译了这些注释。

本次编选《费尔巴哈文集》时,将这些注释中的版本信息和内容概要加以整理,列在相应的各卷"编选说明"中;将尾注内容改为脚注,附在对应各卷的正文中,并注明"俄文编者注"。

4. 中文版《费尔巴哈哲学史著作选》

商务印书馆 1978—1984 年依据《费尔巴哈全集》第 2 版第 3、4、5 卷翻译出版 3 卷本《费尔巴哈哲学史著作选》,卷名如下:

第 1 卷《从培根到斯宾诺莎的近代哲学史》(1978 年)

第 2 卷《对莱布尼茨哲学的叙述、分析和批判》(1979 年)

第 3 卷《比埃尔·培尔对哲学史和人类史的贡献》(1984 年)

二、其他主要德文编选文献

卡尔·格留恩(Karl Grün)编:《费尔巴哈的通信和遗著及其哲学发展》(*Ludwig Feuerbach in seinem Briefwechsel und Nachlass sowie in seiner philosophischen Charakterentwicklung*),两卷,1874 年出版于莱比锡和海德堡,C. F. 温特书店(C. F. Winter'sche Verlagshandlung)。

卡普(August Kapp)编:《路德维希·费尔巴哈和克里斯提安·卡普通信集》(*Briefwechsel zwischen Ludwig Feuerbach und Christian Kapp*),1876 年,莱比锡,由奥托·维甘德出版。

博林(W. Bolin)编:《费尔巴哈来往通信集》(*Ausgewählte*

Briefe von und an Ludwig Feuerbach），两卷，1904 年，莱比锡，由奥托·维甘德出版。

朗格（Max Gustav Lange）编：《费尔巴哈短篇哲学论文集》（*Kleine philosophische Schriften*，1842—1845），1950 年，莱比锡，费利克斯·迈纳出版社（Felix Meiner）。

舒芬豪尔（Werner Schuffenhauer）编：《费尔巴哈通信集》（*Ludwig Feuerbach*，*Briefwechsel*），1963 年，莱比锡，雷克拉姆出版社（Reclam Verlag）。

舒芬豪尔编：《费尔巴哈全集》（*Ludwig Feuerbach：Gesammelte Werke*），22 卷，1967 年，柏林，科学院出版社（Akademie-Verlag），其中第 1—12 卷为费尔巴哈生前发表著作，第 13—16 卷为遗著，第 17—21 卷为通信，第 22 卷为附录。

舒芬豪尔编：《费尔巴哈：短著集》（*Ludwig Feuerbach*，*Kleinere Schriften*），3 卷。第 1 卷（1835—1839），1969 年，柏林，科学院出版社；第 2 卷（1839—1846），1970，柏林，科学院出版社；第 3 卷（1846—1850），1971 年，柏林，科学院出版社。

埃利希·蒂斯（Erich Thies）编：《费尔巴哈文集》（*Ludwig Feuerbach：Werke in sechs Bänden*），1975—1976 年，法兰克福，苏尔坎普出版社（Suhrkamp Verlag）。

商务印书馆编辑部

2021 年 7 月

本卷编选说明

本卷的德文标题为 *Die Unsterblichkeitsfrage Vom Standpunkt der Anthropologie*,费尔巴哈在他的许多著作中都研究了这个论题,且专门地有三本著作。第一本是《论死与不死》,在 1830 年以笔名发表;1834 年,费尔巴哈关于这一问题又发表了《亚培拉和赫罗依斯,或作家与人》[①];最后,在 1846 年,他又发表了《从人本学观点论不死问题》。这样,在最后这一本著作中,费尔巴哈关于不死问题有了尤其成熟的见解。关于这三本著作在发展费尔巴哈自己的观点中的地位和意义,他自己指出:"第一本关于这个论题的论著,我是作为抽象的思想家来写的,第二本是在思维的本原与感性的本原之间的矛盾之支配下写成的,第三本则是站在那业经同感官相调和的思想家的立场上写成的;或者说,我作为哲学家写第一本,作为幽默家写第二本,而作为人写第三本。"在评价最后这一本著作时,费尔巴哈着重指出,在这里,他"用不信来代替宗教信仰,用今世来代替彼世,用时间来代替永恒性,用本性来代替神性,

---

① 此处的亚培拉(Peter Abelard)又译为阿伯拉尔,是中世纪经院哲学家,唯名论的代表,其和赫罗依斯(Heloise,又译为爱洛伊斯)的爱情故事非常出名。——中文编者注

用天文学的世俗的天来代替宗教上的天堂"。

　　本卷在 1846 年首次以单行本问世,当时还只包括现在这一版本的头四章;在 1847 年《费尔巴哈全集》第 1 版第 3 卷中,补充了"关于我的《论死与不死》"这篇评论以及"备考和例证"这一章;在 1866 年《费尔巴哈全集》第 1 版第 10 卷中,增加了"批判通常对不死观念,特别是民间的和古代的不死观念之解释"这一篇评论,并且还附有注释和引证,这篇评论,在 1903 年出版的《费尔巴哈全集》第 2 版第 1 卷中,作为第六章;阿列克谢耶夫根据 1846 年德文单行本(包括四章)首次把《从人本学观点论不死问题》译成俄文,载于费尔巴哈的文集《论二元论和不死》中,于 1908 年出版。这部著作在俄文版《费尔巴哈哲学著作选集》中收入上卷,俄文版依据的是《费尔巴哈全集》第 2 版第 1 卷(*Gedanken über Tod und Un-sterblichkeit*)翻译和编排,又依据《费尔巴哈全集》第 1 版第 3 卷恢复了并译出了 F. 约德尔(F. Jodl)在第 2 版中删除的地点;俄文版《费尔巴哈哲学著作选集》中的这一著作由纳尔斯基译成俄文,译文由鲁宾对照德文原本和俄文节译本(1908 年版,阿列克谢耶夫译)加以校订,这个俄译本也是第一次俄文全译本;本卷依据《费尔巴哈全集》第 2 版第 1 卷译出。

商务印书馆编辑部

2021 年 7 月

目　　录

一般的不死信仰

"不死信仰，与上帝信仰一样，是人类的一个普遍信仰。凡是一切人，或至少近乎一切人——因为，即使在这里，理所当然地不幸也有一些例外——所信仰的，就是以人的本性为根据的，从而，不论主观上或客观上，都必然是真的；也就是说，一个人，如果尚没有或甚至反对这种信仰，则就不成其为人，或者，毕竟是一个异常的、不完备的人，因为，他尚欠缺人的意识的一个本质重要的组成部分。"这种基于各民族或各个人的通同一致的论据，虽然在理论上是最站不住脚的，从而通常只是不光彩地被用作一种附带性质的征引，然而，就真正的事实情况而言，即使对于那些夸耀自己对于不死所具有的理性论据，而觉得不值得提及上述论据的人来说，这也是一种最有实力的论据。因此，我们首先应当来加以说明。

确实，几乎在绝大多数——为使这句话有保留余地起见——民族那里，都具有不死信仰；但是，如同在讨论上帝信仰时一样，问题在于要看清，这种信仰到底表现了什么。一切人都信仰不死。这是意味着：他们认为，一个人的死，并不等于他生存的结束。其理由颇简单。因为，一个人虽然在现实意义上，在感性意义上，不再生存了，但是，在精神意义上，在回忆中，在尚活着的人的心中，他还是生存着的。对于活人来说,已死的人并不成了"无",并不绝对地消灭了;反之,他似乎只是改变了他生存的形式;他只是由一个肉体的本质变成一个精神的本质,也就是说,由一个现实的本质变成一个仅仅被表象的本质。死人虽然不再造成物质的印象,但是,他的人格,却在回忆中长存,且对活人有所感染。不过,无教养者却分不清什么主观的与客观的,分不清思想与对象物,表象与现实,幻想、幻视(Vision)与直观。他对于自己和自己所做的事,从不加以深思;他只明白他自己所做的事;在他看来,主动式就是被动式,梦幻就是真实、现实;在他看来,感觉就是被感觉的事物或现象的固性,对象物的表象就是对象物本身的显现。因此,在无教养者看来,已死的人,虽然还只是一个被表象的本质,但却是一个现实生存着的本质。这就是说,在他看来,回忆、表象的王国,是现实存在着的王国。当然,活人以为自己死后也具有这种死人式的生存;因为,他怎能与自己的亲友分离开来呢? 他活着既然与他们在一起,那么,死了之后,当然也将如此,并且,也必定是如此。所以,如果说不死信仰是人本性之必然的、毫不虚假的表现,那么,它就不过表现了下面这样一个不信者也衷心默认的真理和事实,即:即使人已失去其肉体生存,但是,在精神中,在回忆中,在活人的心中,他却仍是生存着的。

为了证明"不死的灵魂"在原始时不过表示已死者的影像,我们来看下面一些附有我个人的一些评注的例子。当巴特罗克洛斯在梦中向阿基里斯显现时,阿基里斯呼喊道:

　　　　神灵们啊! 与在地府中一模一样的

> 灵魂和轮廓,丝肉未挂。
>
> 整整一夜,悲哀的巴特罗克洛斯的灵魂,
>
> 在我卧床处悲泣,好不感伤,
>
> 灵魂吩咐了我许多事,惊人地像他本人。[1]

当奥德修斯在阴府中瞥见已故母亲的灵魂时,他满怀热望地想去把母亲抱住,但是,却徒然无益:

> 我三次将她力持,
>
> 她三次如幻影脱臂而逃。

关于这,母亲回答奥德修斯说:

> 只是凡人一到命归阴,
>
> 便尔飘飘无定形;
>
> 都只为骨肉都经火焚尽,
>
> 单剩得阴魂缥缈如在梦中行。[2]

　　可见,这种灵魂,只是那被表象为一个独立的、生存着的本质的死人影像,而这个本质,与往昔那个可见的、肉体的本质不同,继续在幻想中生存。因为,不然又能是什么呢? 所以,希腊人和罗马

---

[1] 《伊利亚特》,第 23 卷,第 103—107 行。——俄文编者注

[2] 《奥德赛》,第 11 卷,第 206—207 行、第 218—222 行。——俄文编者注

人就爽性称灵魂为"幻影"(εἴδολον,imago)，或者，直接称之为"身体之阴影"(umbra)，而灵魂的生理学名称，从"生命"中导引出的名称，在他们那里，是"呼吸"。这样，他们相信，同吸取垂死者的呼吸一起，也可以吸取其灵魂。在许多野蛮民族那里，也同样用影像、幽灵来称呼灵魂。古希伯来人甚至公然相信，灵魂并不是不死的。"耶和华啊，求你转回，搭救我的灵魂，因为，在死地无人纪念你；在阴间有谁称谢你呢"(《诗篇》，第 11 章第 6 节)。"求你宽容我，使我在去而不返(按照现代的神学家，"不返"应改为"不再存在")之先，可以力量复原"(《诗篇》，第 39 章第 14 节)。"谁会在阴间颂赞至高者呢？因为，只有活人才能够颂赞；死人，因为已不再存在，就不能颂赞"(《西拉赫书》，第 17 章第 25—27 节)。但是，虽然如此，他们同样也有一个幽灵王国，也有一个"没有丝毫力量和活动的灵魂"的王国。这就显然地证明了，关于人死后生存——即作为幽灵、影像的生存——的表象，不应当像通常那样把它与不死信仰混为一谈，二者是风马牛不相关的。中国人也说不上有什么真正的、实在的不死信仰。"就本质而言，中国人希望在他们自己死后所得到的祭礼，其最主要点无非在于使他们的后代能不时想念到他们，常有敬崇之心。"不过，虽然他们实际祭的是他们对已死祖先的纪念，然而，从仪式上看，"却好像是把死人当作还活着的那样"。马达加斯加人相信，死后的人成了恶灵，后者不时向活人显现，在梦中与活人交谈。有一位唯理主义的著作家①，虽然理所当

---

① 巴斯多尔摩(Bastholm)：《有助于了解野蛮未开化状态人的历史材料》，第 4 部分。——著者

然地没有从中得出应该得出的结论,然而,却是很正确地解释道:
"可见,这些马达加斯加人把他们的梦看成是某种在于自身之外
的、现实的东西。他们确信,晚上复归且与他们交谈的,是那些已
死的人。完全有理由认为,其他一切民族,也有如此想法。""住在
巴拉圭的瓜雅拉人相信,灵魂在从身体中分离出来时,并不与身
体离开得太远,完全有可能在坟墓中与身体合伙;正是为了这个
缘故,人们甚至在坟墓中留出了一些余地,使灵魂不致没有安身
之处。最初的信奉基督教的印第安人,人们花了好大气力才能
使他们改掉这种习气。有这样一件事被无意发现:一些信奉基
督教的妇女,暗暗地走到她们孩子和丈夫的葬地,用筛子将覆盖
他们的泥土筛松,据她们说,只有这样,才能使他们的灵魂舒适
一些,不然的话,即如果不加这种必要的小心,那么,灵魂就会被
压迫得太厉害。"这位著作家解释道:"由此可见,这些印第安人
相信,灵魂是一种与身体不同的本质,在身体死后,灵魂仍旧继
续生存。"怎样错误的结论啊! 从各民族的无数别的风俗习惯和
观念(一切有神论的不死信仰者,在他们的旅行记或其他著作
中,总只是与他们自己的观点相适应地对这些加以解释)来看,
从上述事实来看,都只能得出这样的结论:这些印第安人以为人
的尸骸就是本人,但同时,他们在回忆中还有着活人的影像,故
而,他们就把这影像与尸骸区分开来,将它人格化为一个独立的
本质,不过,由于尸骸与本人的相似,他们就到底认为这个影像
与尸骸有着内在的联系——至少,当尸骸还存在着的时候。所
以,加勒比人(Caraiben)相信,当死人身上还有着肉的时候,就仍
旧必须用食物来滋养;他们相信,当死人身上的肉还没有完全败

坏时,死人就还不能进入灵魂国①。其实,身上的肉之完全消失,
这无异于对死人的感性直观之最后的线索之消失;现在,死人完完
全全过渡到灵魂王国中去了,也就是说,过渡到回忆王国中去了。
暹罗人确信,人死后"人身上尚有某种自在地存在着的、不依赖于
人的身体而生存着的、永远不死的东西存留下来;然而,他们认为,
这种存留下来的东西也具有更笨重的身体所借以构成的四肢及固
实的、光滑的实体。而且,他们认为,灵魂是由一种十分精致的物
质构成的,以致不能观看到和触碰到"。我们看到,这个不能观看
到和触碰到的、与身体区分开来的、然而也同样具有四肢的灵魂,
不是别的,不过是死人影像的一个真实描写。"显然,霍屯督人是
信仰未来生命的,因为,他们害怕死人会重新回来滋扰他们。因
此,只要一村中有某个人死了,一村人就一起搬走;因为,他们相
信,死人停留在他死去的地方。"怎样根本错误的结论啊! 我们认
为,霍屯督人以及别的一些民族的所谓对未来生命的信仰,不过是
那由于死人的容貌和影像而唤起的恐惧的影响之心理学上的或人
类学上的实例。除了恐惧之外,没有什么东西能够将影像、表象、
幻想变成本质。霍屯督人相信,死人停留在他死去的地方,这等于
说,死人的影像以及对死人的恐惧,主要停留在死人死去或葬身的
地点。所以,各民族对于死人的居所——坟墓——普遍地都有着
一种神圣的胆怯或恐惧。

　　可见,有教养者之不信仰不死与那些还没有败坏的无知识民

---

　　①　鲍姆嘉登(S. Baumgarten):《美洲各国、各民族通史》,第 1 部分,第 484 页;迈
涅尔斯(Meiners):《宗教批判通史》,第 2 卷,第 731 页。——著者

众之所谓的信仰不死,二者之区别仅在于前者明了到死者的影像不过是影像,而后者却把它表象成为实体;也就是说,二者的区别所在,一般地就是有教养的或成熟了的人与没有教养的或尚很幼稚的人之间的区别所在,就是说,二者的区别,仅仅在于后者将没有人格的东西人格化,将没有生命的东西活化,而前者则能够分清人和物,有生命的东西和没有生命的东西。所以,如果没有将民众关于死人的观念同他们别的观念方式联系起来看,并且,断章取义地用来证明不死,那就是荒谬绝顶的了。如果因为一切民族都信仰不死而认为我们应当信仰不死,那么,看来我们就应当相信鬼怪乃系实有其事了,我们就应当相信偶像和影像与所指的人活着的时候一样地说话、感觉、吃喝了;因为,既然民众必然把死人想成是活着的,那么,同样必然地,民众也将影像想成是本人①。可是,民众赋予死人的这种生命,至少在原始的时候,是没有任何积极意义的;民众以为死人是活着的,这只是因为民众限于其观念方式不能将他想成是死的。就内容而言,"死人的生命"与"死",并没有什么差异;前者只是一种虽然并非有意的修辞学上的美化法,只是死人式的存在之有活力的、感性的、富有诗意的措辞。死人活着,但只是作为死人而活着,也就是说,他们既活着,又不活着;他们的生命,缺乏生命的真实性;他们的生命,只是死的寓言。所以,真正意义的不死信仰,决不是人的本性的一种直接的表现;它只是被反思

---

① 事实上,在原始的时候,不死信仰无异于鬼怪信仰,不过,不能过于狭义地来理解"鬼怪"这两个字。因此,如果说上帝信仰是人的意识的一个必不可缺的组成部分的话,那么,鬼怪信仰就也是,并且更是。我们必须信仰鬼怪,其理由就正像我们为什么必须信仰一位上帝一样。——著者

投入人的本性中；它只是基于对人的本性的误解。至于人的本性
在这一方面（即关于不死）的真正见解，则我们已经用那几乎毫不
例外地存在于一切民族间的对死人的深切悼念和尊崇来说明了。
其实，对死人之所以要痛哭哀悼，不外是可惜他被夺去了生活的幸
福，可惜他失去了他所爱的和所喜欢的东西。如果确信死人还活
着，且生活得更好，那么，人怎会再像古代各民族以及今天还有许
多野蛮民族哀悼死人那样怜惜和哀悼死人呢？如果说，人的本性
在自己的心中，自己的本质中相信死人还活着，但同时却因为死人
丧失了生命而加以怜惜，那么，人的本性岂不成了可耻的伪善者！
如果说，对另一种生命的信仰是人的本质的一个现实的组成部分，
那么，在有人死亡时，人的本性的表现，就应当是欢喜，而不是悲
哀。即使为了死人也掉下一些眼泪，那至多也不过与为了一个人
出远门而掉下一些眼泪一般无二。

　　那么，对死人的宗教上的尊崇本身，又说明了什么呢？其实，这
不过说明，死人只是幻想和情绪领域内的本质，只是为活人的本质，
但不再是自为或自在的本质。对死人的追念之所以神圣，正是因为
死人已不再存在了，正是因为只有追念才是死人唯一的存身之处。
活人不需要宗教的保护；他自己管住自己；他之所以生存，是为了他
自己的利益；但是，无私的死人却必须被说成是神圣的；只有这样，
才能保证他继续生存。死人为了自己的生存做得越是少，活人就越
是使尽千方百计使死人存活。这样，活人代表了死人；死人不会穿
衣遮羞，活人就替他来穿；死人不会吃喝，活人就将吃的和喝的供奉
在死人面前，甚至送进死人的嘴中。但是，归根到底，活人能够为死
人做的以及通过供奉食料和饮料所希望向死人证明的，只是：他敬

重并神圣地保持对死人的纪念,将死人提升为宗教尊崇的对象。活人企图通过让死人享有最高的荣誉来弥补死人因为丧失至高的珍品——生命——所蒙受的损失。似乎活人对死人说道,你自己感到自己越是低微,我就应当感到你越是高贵;你的生命之光是熄灭了,但是,你的宝贵的影像却应当永远在回忆中发出比我更华美的光辉。你在肉体上是死了;但是,不死的荣誉,却因此而应当为你的名字所具有。你不再是个人了,但你因此就应当成为我的上帝。

所以,如果不死信仰实是基于人的本性的话,那么,人为什么要为死人建造永久的居所——罗马人称之为墓碑,至少,称之为陵庙——呢?为什么每年举行祭礼——这种祭礼,同墓碑及丧事的其他一切形式和风俗一样,归根到底,即不管由于迷信的恐惧而产生的一些添加,而其目的不过在于使人在死后仍旧有一种生存,不过在于通过布施一种精神生存来补充现实生存之太以感觉得到的缺乏——来更新对死人的纪念呢?一个同自己的家眷在肉体上分离的父亲,只要他明白他们是有保护和有供养的,他就不会过分牵挂他们。同样地,人如果在自己本质的最深处赋予死人以一种独立的生存,那么,他就不会过分为死人忧虑了。因此,各民族之过分地为自己的死人操心,只是表明他们感到死人的生存是依赖于活人的。下面这个历史事实最明显地证明了,对死人所表示的尊崇,除了我们上面所陈述的意义之外,并没有别的意义:像中国人那样的民族,虽然不死信仰者们怀疑或甚至反对说他们具有真正的不死信仰,但实际上,他们却最是为他们的死人操心;反之,像各基督教民族那样的民族,他们相信他们的死人具有实在的、永远不死的生存,但他们因此就不再挂念自己的死人的生存,至少,他们在地上的生存。各基督教民族知道，死人是有保护和有供养的；这样，当然就完全不必因了死人而终日忧虑，以致苍发突现；他们只是思考一些自己的事，至于死人的事，则丢在脑后了。异教徒是共产主义者（Communisten），他们兄弟般地与死一起来瓜分生命的所有权；基督徒是利己主义者（Egoisten），他们什么也不给死人留下：他们只知道独自享用一切，用天国来搪塞死人。

　　西塞罗称古罗马人为不死信仰的权威，因为，在西塞罗看来，假如他们不相信死人还生存着的话，那么，他们也就不会持着如此的宗教虔诚来崇敬他们的死人了。然而，西塞罗本人，在他心爱的女儿图利娅死去时，却用具体事实来驳斥他自己对于祖先们的丧事的这种浮面的解释。他要尽一切可能的方式来推崇她，献给她一座祠庙，使后代能把她当作宗教尊崇的对象。只是因为有了这种思想，他才得到了安慰。可是，一个实体，如果实实在在确是不死的，那么，何必又要设法使它成为不死呢？如果死人实已升至天上，成了一颗永恒的星星而光辉四射，那么，又何必要点起火把来造成属地的、属人的不死呢？当然，罗马人也像一切其他民族一样，相信死人是仍旧生存着的；但是，只有极为肤浅的心理学或人类学，才会将各民族的有意识的观念、幻想和宗教信仰看成是人的本性的度量和本质。凡是民众有意识地信仰的，他们都用事实来加以驳斥，他们无意识地就不信仰。意识是一面镜子，在这面镜子中人所看到的，正好与他实在是的、意愿的和思维的相反；在这面镜子中，他用正相反的意义来解释自己的本性的一切表现，把自己的本性说给他听的最严正的真理看成是谄谀奉承。如果说，意识、表象、幻想是本质的度量，那么，这样一来，许多伪善者将成为信徒,许多无教养者将成为有教养者,许多地痞将成为圣人,许多傻瓜将成为豪杰,许多无用之人将成为必要之人,许多庸俗之人将成为高尚之人,许多无名小卒将成为显赫名士,许多狂妄之徒将成为莫大天才,许多梦想家将成为思想家! 在意识中,每一个人都自以为是实在自己并不是的,而且,对于他自己最不是的那个东西幻想得最多。有多少人因为迷于幻想的才干而忘却了现实的才干啊!意识与存在、本质、本性完全相一致的人,是一个大福人;但是,实际上并无一人,其意识与本质完全处于谐和,或者,至少从不幻想自己成为自己并不是的,或反之幻想自己不成为自己确实是的。各民族的宗教观念,也是如此。他们的意识信仰不死,但他们的本质却信仰死;有意识地,他们认为死人是活着的,而无意识地,他们又认为死人是死的。在人为了哀悼死人而流出的眼泪和血滴中,显露了人的本性;在人为了死人而做的献祭、祈祷、发愿中,显露了人的幻想。不过虽然如此,至少在那些在精神教养方面已达到一定程度、但还没有因为神学的缘故而与人的本性疏远的民族那里,例如,在《荷马史诗》——这部人类学的圣经——那里,幻想还是人的本性的真实表现,因为,幻想用以迷惑人的那个死后生命,就其内容而言,不过是死的富有诗意的影像而已。

————

因为根据各民族一般的不死信仰,人在死后尚存活着、与尸骸区分开来的、永远不死的本质,不是别的,不过是人在死后尚遗留下来的影像,但是,又因为人们在活着的时候是各不相同的,所以,必然的后果,死人也各不相同。这样一来,由于幻想把他们当作是生存着的——在回忆和幻想中,他们实在确是生存着的——,故而,他们的状态,他们生存的性质和区域,也被表象为各不相同的。所以,像会死的人一样,不死的灵魂也有贫富、贵贱、强弱、勇怯、妍丑之分;并且,因为这些区分不仅在表象中,而且在现实中,都是与幸与不幸之区分相关联,所以,不死的灵魂又有幸与不幸之分;加以,由于各种道德观念,又有善与恶、福与不福之分。由此可以明白,为什么在一切比较感性的、直接将自己的观念贯彻到行动中去感性地加以实现和具体化的民族那里,人们将死人活时所有的一切东西,都同死人一起送进坟墓或熊熊之火中[1];也可以明白,为什么妻子伴同丈夫,仆役伴同主人,猎具和猎狗伴同猎人,针线伴同女人,军器伴同兵士,工具伴同艺术家,玩具伴同孩童,一起埋葬或焚烧。关于高卢人,恺撒已经注意到,他们将一切他们相信死人在活的时候心爱的东西,都连同死人一起抛入火中。做得很对。人如果没有了自己所爱的和所务的,还成了什么呢?他所爱的和所务的,正是决定了他整个的、最深的本质。只要生命尚在,灵魂尚在,谁能够夺去孩童手中的玩具和兵士手中的军器呢?我们知道,一个日耳曼人,唯独以军事动武为其乐趣和神性,唯独以全副武装配备为自恃,那么,如果你夺走了他的武装配备,他的灵魂还成了什么呢?所以,如果由几乎存在于一切民族内的不死信仰中得出人不死的结论,那么,由这种信仰中,也应当得出结论说,跟随死人一起进入彼世的动物、衣服、鞋子、武器、马具、工具和玩具,也

---

[1]　显然,恐惧与爱的动机,也可用来解释这种风俗;但这两种感情,都自在自为地属于关于死人的表象。死人,若根据他往日的人格的印象,则是爱的对象,但是,若根据他的最终的印象,即尸骸的印象,则又成了恐惧、惊骇、忌惮的对象。所以,在民间,特别是在各野蛮民族那里,就有着各种自相矛盾的风俗和观念了。——著者

是不死的①。如果我要在回忆中保持一个本质为有生命的，那么，我就必须在刻划出他的个性的他的规定性、他的服饰、他的职业、他的生活方式中保持这个本质。即使是富于幻想的基督教唯理主义者，也只能用一个人在活着的时候所具有的独特的模样来思考这个人的灵魂或精神之继续生存；一般说，只要前者不希望从回忆中驱除后者的生存，那么，在活着的时候属于后者的一切，就一样也不会失落。所以，既然民众由于其思想方式是非批判的，是缺乏教养和缺乏识别能力的，就必然把被表象的、主观的本质看作现实的、生存着的本质，那么，同样必然地，也把与死人不可分割的物件，想成是存在着的，即使是他们亲手把这些东西抛到火中烧去。如果你们并不因为人们会相信死人还存活着而感到惊讶——虽然你们亲眼看到死人失去其生存，不再能从他们身上看到唯一能表明他们继续还生存着的具体标志——，那么，那些与死人不可分割的物件，即使是你们亲眼看到它们被火烧毁，如果要硬说它们继续还存在着，还有着从前的模样和用途，你们怎能因此而感到惊讶呢？

————

所谓民众对"另一种"生命之信仰，其实不是别的，不过是对今世生命的信仰。既然这个已死的人在死后仍旧是这个人，那么，死

————————————

　　① 其实，绝大多数民族都信仰着动物的不死，至少，像他们信仰人的不死一样地信仰着动物的不死。拉伯兰人虽然怀疑他们自己是否会复活，然而，却相信熊会复活。许多竭力为不死的灵魂辩护的雄辩家，也不得不承认，动物的不死与人的不死是不可分割的。事实上，借以证明人的不死的那些生理学上的或心理学上的证据，同样也证明了动物的不死。不过，关于衣服的不死，我特别想到了古德意志人，他们相信，一个不穿衣服的死人将在英灵殿中永远赤身裸体，被众人讥笑。可见，即使在彼世，这句俗语仍然适用：人赖衣饰。——著者

后的生命也就是,并且必然就是今世的生命。一般说来,至少,在人的本质中而不是在人的幻想中,人是完全满足于这个虽然充满着烦恼和困难的世界的;他实在太热爱生命,以致不能设想生命的终端,生命的对立面。然而,令他失望的是,死使一切期望皆成泡影。可是,他不理解死;他实在太迷恋于生命,以致不能认为生命的反面也是合法的;他像那些即使是最一目了然的反对证据也觉得深不可解的神学家和思辨家一样地来对待生命;他把死亡仅仅看成是一种"重大的谬误",是一个阴谋诡计,是凶恶的精神或不良的心情之偶然的、格言式的突然发作①。至于死的严格的因果必然性,他甚至想也没有想到;因此,他以为他的生命并不因为死亡而中断,这就像神学家和思辨家们,在上帝的不存在已最有力地被证明了以后,继续来证明上帝的存在一样。不过,说生命在死后继续,只是人自己杜撰;死后的生命,纯粹只在他的表象之中;所以,单纯作为表象的客体,它是服从于人的反思、幻想和专擅的,从而,由于后者的增删,就好像成了另一种生命。不过,这种由于幻想的力量而发生的改变,只是表面的;就本质内容而言,这另一种生命,就是今世生命。

---

　　① 对于一切不可领会的事物,人总是以自己为出发点来自圆其说,不管是由于纯粹逻辑的理由还是由于个人的理由。因此,对于死,当人还不知道它是一种自然必然性,从而,觉得它是不可领会的时候,他就认定死有着一个属人的根据。由于持有这样的观点,人问死人:你为什么竟忘了我们?你缺少些什么?由此可见,他这样假定,即如果死人没有任何理由想死掉,那他也许就不会死掉。这样,人总是在人的专擅和理性的形式下来思考一切。文化的观点——在现在,人类还在宗教和哲学方面持有这种观点——与不文化的观点之间的区别所在,仅在于后者认为人的血、心、肉为一切事物的元素,而前者认为,只有人的脑,才应该是一切事物的元素。——著者

　　通常是这样来解释各民族关于彼世的观念的：一切人或至少
近乎一切人的通同点，在于他们都信仰另一种生命，但是，关于这
另一种生命，他们却由于彼此的性格、国土、生活和业务的不同而
形成各不相同的观念。这种普遍的信仰证实，死后确实存在有一种
生命；至于它是什么，它是怎么样的，我们就不得而知了；不过，正是
因为这个缘故，人们关于它才具有各不相同的观念。因为，人是好
新奇和好知的；这样，他就利用已知的东西来作未知的东西的尺度：
他想用有限的概念来把不可领会的东西搪塞过去。这样，他就用今
世的各种形态来充实暧昧的彼世。关于神性，同关于不死一样；这
两个观念，"基本上是同一的"。人们说，一切人都信仰上帝；不过，
在他们关于上帝的观念、概念方面，各人有所不同。然而，有神论者
们，这些十分任性的和偏颇的释经者，却用他们自己的信仰来偷换
民众的信仰，并且，不管一切人都只是在各不相同的表象下信仰着
上帝，却声称有神论的上帝是天下万民的上帝。上帝的名字如何不
同，上帝也就如何不同。希腊人的上帝就是宙斯，德国人的上帝就
是奥丁，斯拉夫人的上帝就是斯万多维特，犹太人的上帝就是耶和
华，基督徒的上帝就是基督。在开始时，上帝并不是专有名词，而是
一个普通名词，并不是一个本质，而是一种性质，并不是主词或名
词，而是宾词或形容词：可怕的，可怖的，强有力的，伟大的，不平凡
的，异常的，庄严的，善良的，慈悲的。自然界提供名词或主词，人提
供形容词或宾词，因为，宾词不是别的，不过是人的幻想和感觉的表
现，而人就是用以来称呼那正是给他的感官、他的情绪、他的幻想留
下最强有力的——最可怖的或最慈善的——印象的自然界对象物。
所以，上帝之各不相同，恰好同自然界给人的印象之各不相同一般

无二①,不过,另一方面,印象的这种不同,又是依赖于人的不同。以人们本质重要的、专有的规定性为依据的,恒持的,占统治地位的关于自然界的印象,便是人的上帝。因此,谁如果从一个特定的人身上取掉了神性的规定性,那么,这就等于取掉了这个人的一切,而不是取掉了这个人的某些;这就等于取掉了本质本身,而不是仅仅取掉了某个宾词;因为,人的真正的神性,并不是作为神性的神性,而是神性的规定性。现在,关于不死,也复如此。谁如果在一个人死后从他身上取掉了今世特定的生命,那么,这就等于一般地取掉了他的死后生命。人不了解而且也不愿意了解什么另一种生命,因为,这另一种生命,是他所不可领会的,对他来说,它甚至是不存在的。日耳曼人只希望在英灵殿中继续活下去,伊斯兰教徒只希望在伊斯兰教的天堂中活下去;在基督教的彼世中,他就不以为然了。

古日耳曼人相信,在死后,新郎将重新找到并拥抱新娘,丈夫将重新找到并拥抱妻子。如果有人想用现代基督教关于空洞的、不可知的彼世的狡猾的神学上的遁辞来代替这种生动的、凡俗的彼世,来代替古德意志人对感性的这种开诚布公的承认,那是何等地可笑啊!既然日耳曼人相信,他在死后仍将活着,那么,他必然也相信,他在死后仍将从事战争和爱情方面的活动。你如果剥夺了他的战争和爱情的乐趣,那么,你也就剥夺了他的生活的乐趣;

---

① 当然,不同的上帝和宗教,以及不同的彼世观念,是以一个通同的本质作为基础的。但是,隐藏在一切上帝背后作为始上帝(Urgott)的这个基本本质,却是那一方面(主观上)是属人的,另一方面(客观上)又是非人的或外于人的自然界;因为,自然界是一切人的共同的对象物。然而,自然界的同一性,只是想象的,实际上,自然界是无穷地不同的。所以,各宗教的同一,恰好跟属人的自然界与外在的自然界的同一一般无二。——著者

对于今世是如此,对于彼世也是如此。他希望从彼世得到的,不是别的,不过是他被死所夺去的。死夺去了今世生命;但是,幻想又重新恢复了它;幻想重新把妻子还给丈夫,把武器还给军人,把玩具还给孩童。彼世不过是存在于幻想中的感性的、现实的世界。可是,只有死,才对人启露了这个世界。人只有亲眼观看到心爱的对象之消逝,才想到要认识和估价幻想的实力。由于与心爱物的分离——不管是暂时的还是永远的,是生离还是死别——而引起的悲哀,甚至使最野蛮的民族也提升到诗的高度。幻想(幻想活动与回忆活动这两种活动之区异,这里不加考虑)是直观的彼世;在幻想中,人惊喜交集地复得他在今世、即在感性的现实的世界中所失掉的。幻想代替和填补了直观的缺陷;直观提供本质、真理、现实,但是,正因为这样,它在时间方面和地点方面,就是有局限性的。直观是根老固实的,物质的,信实于自己的对象的,不啰唆的,厌恶花言巧语的。直观的成效,是货真价实的。因此,只有在特殊的条件下,直观才能有成效。可是,正因为这样,直观就不能满足人对它提出的分外要求。反之,幻想则在量的方面是无限的,在任何时间和任何地点,它都是万能的。它有求必应,即使对于它一无所知的事,它照样也可以夸夸其谈。简言之,它是全能的,全知的,无处不在的。这样,幻想满足了人的一切愿望;可是,为了这,它却并不是送给人以可以观看得到的现钱,而只是开一张到彼世兑现的支票,它只是耍花招,只是给人以阴影、影像——虽然如此,在人看来,对于不包含有心爱对象的现实界来说,影像还是具有更大的价值和现实意义。然而,在开始时,幻想不过是精神上的看见(das geistige Sehen)。因此,对失掉的东西的回忆,在幻想中恢复它,这种精神上的复见（Wiedersehen），直接与对于现实的复见之意愿和希望相关联。使不存在的东西在表象中出现，也即回忆，其实不过意味着企图撇开感官来看到那人们看不到的东西。这样，完全自然而然地，各民族将幻想的本质看成是现实的本质，将幻想的世界看成是存在着的世界。然而，虽然如此，这个"超感觉的"世界的内容、对象、本质，却只是今世感性世界的内容，并且，对于特定的人来说，就只是他个人的特定的今世——他的祖国——的内容。所以，如果你们这些基督徒和有神论者们以为夺掉人的彼世太以不人道，那么，若是你们果真要做到有人道，你们首先就不应当夺掉异教徒们的异教的彼世，就不应当夺掉日耳曼人的英灵殿，就不应当夺掉印第安人的亲爱的祖先的国土！他们每一个人，除了他自己的不死以外，他不知道，且也不想知道任何别的不死。而你们，却正想否认他有他自己的不死。他宁死而不要基督教的不死。

————

关于"未来生活中的幸福"的感性表象，例如，德国人关于现今地上生活中诸如舞蹈、音乐、爱情、友谊、狩猎、各种骑马术、大吃大喝等喜乐的永恒性之感性表象，在许多民族中，都发施了巨大的威力，以致使他们宁可牺牲现实的今世以求得彼世，也即被幻想的今世。北日耳曼人就是甘心情愿地让自己倒在刀锋上死去，而他们的女人，则甘心情愿地投身到柴堆之熊熊火焰中死去。他们的目的，只是为了让自己的肉体败坏，以便能够实现关于彼世的幻想。"堪察加人活活地让狗撕裂自己，活活地溺死或绞死，而且，在过分恼怒的时候，甚至自己掐死自己。人们之所以会做出这些事来，是因为他们有这样的幻想，即他们是知悉未来生活的状况，并且，确知它比现今生活的状况更加来得好。人们十分愿望揭开那阻碍我们去了解未来的那重黑幕。……如果说,这种透过坟墓的瞥见是可能的,且可靠地清晰和完全……那么,我们对今世不是更要大大地不感兴趣了吗? 这样,我们现今的欢乐便将令我们作呕,我们的职业便将成为幼稚万分。……因此,说是一种不可透过的面纱阻碍肉眼去看到未来生命的状况,乃是莫大的智慧。"是的,的确是莫大的智慧。但是,在这里,与在别的方面一样,这种智慧,虽然被你们抬举为出于一个与你们不同的本质——上帝——的智慧,但是,其实不过是你们自己的智慧,或者,说得更正确一些,是你们自己的乖巧,而正因为你们这样乖巧,你们才不肯为了幻想而牺牲现实,为了幻想而牺牲真理,或者,像民谚所说的,不肯为了屋顶上的十只麻雀而牺牲手中的一只麻雀。当然,如果我们确实有希望得到更好的、永恒的另一种生命,那么,我们就会对目今的生活抱不理不睬的态度;而且,实际上,只要对彼世的信仰还是一个实践的真理,只要人仍旧把自己的幻想当作现实,那么,人就确会对目今的生活抱不理不睬的态度。但是,稀奇得很,人之假定有另一种生命,正是基于今世生命之短促、虚浮和无谓! 那么,你们为什么维护今世生活中的职业和欢乐,也就是说,今世生活的虚浮和苟安,而不让彼世来击溃它呢? 你们不明白,你们的存在在彼世将成了什么样的存在,但是,毫无疑问,你们明白,你们在彼世将永生,在彼世,你们所爱的你们的那个"我"以及你们的生命,都无穷无尽;这就是说,你们知道了主要的,知道了你们希望知道的,但是,你们却不知道次要的,因为你们觉得这是无关紧要的。然而,对永久生命之确信以及关于它的表象,虽然永久生命的性质还是一个疑点,但是,却已经足够使我厌恶今生。既然还有另一种生命,那么,今生还要来何用?既然还有永久生命,那么,暂时的、必死的生命还要来何用?既然我在天上将要成为一个像洛兹恰尔特那样的百万富翁,那么,我又何必在地上做一个日工呢?既然我确信将有好几百万稳稳到手——虽然我还不知道我将以何种币制来领取这笔钱——,那么,我这个地上的无产者所统共有的一些芬尼,对我又有什么价值呢?既然我确知在彼世存在有这种取之不尽的生命富源,那么,我为什么不应当蔑视那统共只有几十年的可怜的今生呢?既然在我们的前途真有另一种生命,那么,在可怜的今生,这另一种生命为什么不应当是我们思维、思索和劳心的唯一对象呢?为什么属地的未来是我所不能意料得到的呢?因为,成千上万件偶然的、出乎我意料之外的事变,使我失望了;因为,我未来的生存,并不是我今的生存的必然结果,一般说来,我的生活完全不是预定的、预谋的,完全不是可以估计得到的。可是,属天的未来,却有着数学上的确定性——许多人已经直截了当地这样主张!——,我们绝对不会失掉它;它是我们的本质的必然结果。这样,我们就完全能够由我们的现在推导出我们的未来,把我们的未来提升为知识的对象,就正像我们亲眼看到自然科学家从蛹里面抽出蝴蝶一样。而且,你们不是正以蝴蝶为论据来论证属天的彼世吗?那么,你们为什么要反对彼世合情合理地对今生所提出的要求呢?为什么你们用最无用的借口来抵制彼世的必然的影响和后果呢?为什么你们迷恋今生的享乐,专心致志于你们今生的职业,却丝毫不注意彼世呢?为什么呢?这是因为:你们有意识地以为是真理的东西,无意识地,事实上,不过是纯粹的幻想,不过是纯粹的错觉。

不死信仰之主观必然性

　　就一般的或民间的不死信仰而言,死后生命的本质意义,仅在于它是今世生命的永续,或者说,仅在于把今世生命表象为无终端的。这样的信仰的基础,并不是完善化意向(Vervollkommnungstrieb),而是自我维持的意向。人不希望失掉他所意愿有的、意愿是的、意愿从事的,他希望永远有、永远是和永远从事这个。这种永恒性,是一个具有主观必然性的表象。费希特说:"任何对象物,如果我们不把它认为是永恒的,那么,我们就不能爱它了。"的确如此。不过,如果我们不联以关于"持续性"的表象,那么,我们会什么事也做不了。例如,我今天筑造一座房屋,当然,它是可能在明天倒坍或遭到火灾的,但是,如果我竟认以为真,那么,我就完全没有兴趣再来筑造了。又如,如果我想到,有朝一日,我将毫不介意地抛弃我现在所从事的艺术或科学的话,那么,假如我现在不立刻抛弃掉,则势必成了一个大傻瓜;我确实完全不能再从事科学或艺术了,至少,如果我不想永远对它持守信实,也就不会再发奋树功了。人所从事的一切事,即使是最有终端性的事,人都把它们理解为无终端的。不过,这种无终端性或永恒性,只是一种否定的、不定的说法;我之把某事物想成是永恒的,这仅仅意味着:我没有想到它的终端时刻。反思,或者,思辨和抽象,是不去探讨,从而也不知道人的表象的源泉的;这样,由于反思或思辨和抽象的错误就把这个否定的表象变成一个肯定的表象,把这个情感用语(因为,正是由于热忱、欲望、爱之情感,人才把暂时的想成是永恒的)变成理性规定或理性理念。但是,在我看来,它并不是不合时的、冒失的表象,而只是一个必然性。如果我想到,现在我认为是至高的和至圣的东西,有朝一日将空空如也,那么,这个念头,正像在我充满着生命欲和生命力时关于我的死的念头一样,对我来说,是毁灭性的、可怖的和不能忍受的。所以,为了取消这种在表象中被假定的终端,我就必须借助另一个正相反的表象,即永恒性。虽然如此,在生活中还是有这样的时刻,在那时,这个永恒性表明为暂时性,在那时,人认识到关于永恒性的表象只不过是一种需要,在那时,关于终端性的表象成了一种多管闲事的、不合时的表象;因为,对我们的情感来说,某某事件、某种爱情、某门科学、某种信仰之被表象的终端,是同一些可怕的后果联系在一起的——我们正是企图借助关于永恒性的思想来规避这些后果——,但是,当在生活过程中真的遇到了现实的终端时,也就不觉得怎么样了。我们不相信我们会渡过终端而继续活下去,我们如此地把我们自己与对象物同一化起来,以致我们不能设想如何无它而独生。然而,实际上,我们却也还是平平安安的。可见,现实的终端,是与被表象的终端截然不同的。后者是与我们此时此刻的本质及立场相矛盾的;它是我们与对象物共处而成的和音(Harmonie)中的一个摧心的不调音(Misston),是对我们的财产的一种暴力侵犯;而前者,却有机地被奠基,被准备,被导入；它并不是在半中间突然毁坏对象物；它之结束对象物，是当对象物理应终止，而不该继续下去的时候，是当对象物已穷尽其效用——至少，对我们来说是这样——，从而已不再有什么价值和意义的时候。表象中的终端，是不自然的和反自然的，而现实中的终端，却是自然而然的，逐渐的，从而，是不显著的。虽然毁坏过程的最后一幕有些过于粗暴，然而，这只是就表现、形式而言，并非就本质而言。莱布尼茨的单子，只能以创造为始，以消灭为终。可是，一切自然的物体和本质，其消亡和产生都只是逐渐的，因为，它们是十分复杂地构成的本质；它们之产生，犹如一根根线交织成布，而它们之消亡，又犹如布被拆成一根一根的线。

既然人必然地把他在活着的时候所缔结的爱情之联结（不管是与上帝还是与凡人，与人还是与物）想成是永不可破的——虽然实际上随着时间的推移确实破裂了——，那么，同样必然地，他也把他自己的生命当成是永恒的。因为，如果他设想，明天，一切东西，至少对我来说，都将空空如也，那么，他就会失去一切生命欲，而那使他的生命成为有价值的和宝贵的一切东西，在他看来，都成了虚浮的、无济于事的。可是，由关于永恒生存、即万寿无疆的思想的这种必然性中，决计推论不出永恒生存的物的必然性和现实性。因为，为什么我必然具备这种思想呢？就是因为我之想到我的终端，是没有必然性、没有理由的，是冒失的、不合时的。当然，对我来说，我的终端乃意味着暴力的消灭，是不堪设想的；这样，我就必须抛弃掉关于我的终端的表象，把自己重新想成是存在着的。反之，现实的生命终端，是多么地不同啊！它之来临，至少在正常的情况下，是逐渐的；它之来临，是当生命之火业已熄灭，生命对于我们的价值和诱力，至多仅在于它是一个旧习惯，也就是说，是当死已不再是一种暴力的、野蛮的、没来由的消灭，而是完全了的生命的结局。关于我的死、也即关于我的"不存在"的思想，即使就时间而言是可以得到论证的，但是，在逻辑上，却是不可论证的；所以，如果我感到有必要用关于我死后继续存在的思想来克服关于我的不存在的令人难堪的思想的话，那么，我由此只不过证实了这样一个合乎自然的、非基督教的思辨逻辑的真理，这就是：把关于不存在的思想与存在联在一起，明明存在着，却把自己设想为不存在的，明明活着，却把自己设想为死的，这乃是一种不合理性的矛盾。因此，真正说来，不死只是那些梦想家和懒汉们的事务。以人类生活的各种对象为职业的勤业者，却无暇想到死，从而，也就不需要什么不死。即使他也想到死，那么，他只是因此而得到忠告，聪明地把由他支配的生命资本进行投资，不把宝贵的光阴浪费于毫无价值的事上面，而是用于完成他给自己所规定的生活任务。反之，一个人如果把自己的光阴单单用于思想自己的不存在，由于这种一无益处的想入非非而忘记和失掉了现实的一生，那么，他就必然要用同样被表象的、梦想的存在来补充他的被表象的不存在，而且，不管他是怎样的一个笨蛋，是虔诚的还是思辨的，他的生活，总是缺乏现实的色彩，处处显示出未来生命。

　　最富于梦想的古代先哲们尚且认为不死是可疑的，是不可靠的，但是，基督教却宣称不死是可靠的，是再可靠不过的，从而，认为关于某种更好的未来生命的思想，是人类最切要的思想。这就再明显不过地表明了基督教的无理性和危害性。既然想到自己的终端,自己的不存在,会使人的生活变得苦恼,那么,人当然不应再去想到它;但是,既愚蠢而且又有危害性的是应许人以某种更好的死后生命;因为,"更好的东西是好的东西的最大的敌人"。享受生活中的佳善,用自己的力量来除却生活中的患难吧!请相信,就是在地上,生活也是能够比现在更好一些的;这样,也就真的会逐步好转。不要妄想从死那里得到一些更好的东西,而是应当依靠你们自己!不是要赶掉死亡,而是要把祸患摈除掉!祸患是能够摈除掉的,因为,它们之得以立足,不过是由于人们的懒惰、邪恶、无知而已;正是这些祸患,才是可畏的。至于自然而然的死,即完成了的生命发展之结果,则并不是什么祸患;不过,那种作为贫困、邪恶、犯罪、无知、粗暴的结果的死,则应当赶掉它,或至少尽可能地设法加以限制!理性就是这样对人说的。基督教则不同。它为了除去生活中的被幻想的祸患,竟任便生活中的现实的祸患存在。它为了把死变成活,竟把我们的活变成了死。它为了满足人的超自然的、幻想的奢望,竟要人对最迫切的、最必需的天然需要和愿望的满足表示冷淡。基督教想要给人以多于人本身实际企求的东西。基督教的目的是想要满足不能达到的愿望,但是,正因为这样,它就没有去满足能够达到的愿望。基督教完全不是人的本性的典范的、完全的表现,因为,它甚至只是基于人的本性的假象,只是基于人的意识与人的本质的矛盾。不死是人的幻想的愿望,并不是人的本质的愿望。基督教用不死来奉承人,但是,除了异常的情形,除了那些致使幻想的力量已经压倒了人的本性的声音的人以外,人在自己的本质深处,也就是说,事实上,是不信仰不死的①。为了证明这一点,我们也可以来看下面这一个事实:信仰不死的人,虽然很不乐意的,但终究也还是死了,而信仰死的人,也是尽可能地努力维持和固持今世生命。有一些愿望,它们本身的隐私的愿望,其实就是不要得到满足;因为,如果设法来满足它们,那么,就将要彻底暴露它们,就将要指出,它们纯粹是基于欺骗上面的。可见,这些愿望,但愿永远只是愿望而已。首先,永恒生命的愿望,就属于此类愿望。这种永恒生命,唯有在幻想中才具有价值。假如永恒生命真的实现了,那么,人就会觉悟到,他之企求永恒生命,是与他的真正的本性相矛盾的,他在自身内是错了,而且,在想到自己时,也错了,他误解了他自己;因为,这样一来,虽然永恒生命还有着一些与今世生命不同的性质,但是,人却完全对它感到厌恶了。所以,永恒生命只是被幻想的、虚妄的愿望,决不是什么认真的愿望。

———

单就时间而言,人需要关于永恒生命的表象,为的是用以抵制关于今生短暂的表象。但是,即使是这个表象,也是与真实及现实相矛盾的。生命是很长的,但我们在表象中却觉得它好像是很短的。为什么呢?就是因为我们没有把过去也算作是我们的,我们把已经过去了的存在,与不存在等量齐观。我们的自爱所感到兴

---

① 在这一方面,最值得注意的,也是基督徒路德这个基督教日耳曼的殉道者的自我供认。他在他自己的著作的许多章节中承认,真正说来,没有人相信,且也没有人能够相信基督教的各种应许,因为对人来说,它们是太以高不可攀了,是太以夸大了,换言之,也就是说,因为它们不是真实的,因为它们只是些太以过分的奉承话。基督教是何等地自相矛盾啊!一方面,即在现实中,它剥夺了人的一切,最大限度地贬低人,而另一方面,即在被幻想的天国中,却应许人以福乐、不死、神性。——著者

趣的,只是未来,而不是过去。我们像守财奴一样地对待我们的寿命:一个守财奴,虽然实际上家财万贯,但是,在他的表象中,却好像是一贫如洗;因为,表象是无限的;在表象中,我总是可以有比我实际有着的更多;现实总是落后于表象。同样地,现实的生命,对表象来说,总嫌太短一些;我们能够把生命想成是无止境的;我们看重了可能的事,却忘记了现实的事。所以,即使人如愿以偿,活一千年,甚或长生不死,他也仍旧得不到什么。在他回忆起来,千年如一日,如一小时,如一分;他总是将过去看成是徒然的,把自己当作像蜉蝣那样一天内突然形成的。我们按照抽象的本性、精神的本性,简化、缩短、概括一切,我们去除掉现实的事物的无穷尽的个别性和差异性,综合成为一个影像、一个表象、一个概念。同样地,我们也把无限丰富的、长期的、且往往非常长期的生命,综合成为一个无穷小,从而,就用同样被幻想的持续来补充这个被幻想的短暂。

———

如果我们回顾一下我们的过去,且适当地加以思索一下,那么,我们就会信服。那种把死——就它是人的现实的终端而言——表象成为粗暴的、专横的消灭的人,其思想方法乃是多么地粗率和肤浅。既然我们的部分的消亡并不是野蛮的、暴力的消灭,那么,我们的完全的消亡——虽然这也决不是完全的——就也不是野蛮的、暴力的消灭;因为,如果我死了,那么,死去的只是我现在还是的;当然,当正常的死——这里只考虑这种死,因为,不死信仰所否认的,并不是夭折,而是天然的死,作为死的死——来到了,我就死去了,也就是说,不是少年人、青年人、壮年人的短寿身亡,而是年老寿终。死并不是突然破门而入;它是有来由、有理由、有根据的。它是有媒介的否定；由于有媒介，便使否定不再是那么多刺的。死的这个媒介，正就是生命本身。生命的每一个新阶段，都是前一阶段的死。我的童年时代、青年时代的灵魂，在于哪里呢？是在上帝的天国中呢，还是在某一颗星星上呢？不！它不再存在了，就像我自己一旦死后将不再存在一样。死之对于我，并不比作为成人的我对于作为孩童和青年人的我更带有否定性质。孩童仅仅以他的生命为生命；青年人也是这样。如果你夺去了孩童的游戏，那么，你就等于夺去了他的生命。如果你夺去了青年人的大学生联盟，夺去了他的运动裤，他的阿恩特和亚恩，他的德意志皇帝，那么，他现在的这种存在和本质之不存在，对他来说，与死之对于你一样，是可怕的消灭。然而，虽然如此，青年人还是否定了童年人，成年人否定了青年人；对他们中的每一个人来说，以前曾是一切的，现在成了无。既然作为青年人、作为童年人的我们，自然而然地必定会消亡，既然我们并不因了这种消亡而惊恐，那么，我们也就没有理由因了我们最终要死去而向苍天合掌。死并不是恶性的，正像一般地说来，消亡不是恶性的一样。或者说：既然我们并不感到我们已不再是朝气蓬勃的青年——注意！我们的确很希望永远是青年——是一件重大的事，那么，我们有朝一日的不再存在，也不是一件重大的事，也是极有理的，也不是可怕的，也用不到因此而大怒特怒。当然，从利己主义出发，我们不允许这个结论成立，正像一般地我们不允许有历史性的结论应用于现今——即使情况无甚改变——一样；因为，对过去了的真理加以承认，并不十分触犯我们，但是，如果把它应用于目今的场合，那么，我们就会特别有恶感。因此，当我们看到孩童的心、青年人的心连同其不死梦想一起灭亡,我们并不觉得怎样,但是,当我们听到我们凡人现在这颗朽老的、顽固的心也将连同其不死幻想同归于尽时,我们就要发作了,因为,这是另一回事了。可见,我们的利己主义开始之日,也就是逻辑规律不再适用之时。

————

几世纪来,基督教的一些幻想的观念,甚至于使人们不屑使用五官了。人们,即使已从梦想中苏醒过来,像复明的瞎子一样睁开了眼睛,但是,在现实世界的光线中,他们依旧看不到什么。在他们看来,那种把人导归现实的财富的主张,是虚无主义。所以——如果他们已从他们关于永恒生命和属天的彼世的梦想中惊醒过来了的话——,他们会觉得生命可怜已极,从而,在他们看来,那种否认彼世存在的学说是不实践的,是特别对青年有危害性的,这种学说,使人灰心丧志,使人完全不想超越目今之狭隘的界限,虽然这种超越对人来说是极其必要的。他们——这些傻瓜!——没有看到,“目今”的彼世,已经在今世中开始;他们没有看到,人为了要超越目今之界限,并不一定要梦想一个属天的彼世,反之,只要看一下他自己的属人的未来,也已足够了;这些傻瓜没有看到,关于人类历史上的长生不死的思想,远比关于神学上属天的不死的梦想更适于鼓舞人产生伟大的思想和作出伟大的行为。而且,也并不必定要跨越出个人的生活圈而进入历史的领域:一个人本人的生活,其内容便已足够丰富,以致只要看一下他自己的未来,就能够使他否定自己的目今之界限。人活下去将成为怎么样,这同属天的彼世一样地只是存在于他的幻想、猜测、诗境中,甚至,比属天的彼世更超越他现今的意识和眼界;因为,正是由于我们属地的未来是不可知的、不确定的,正是由于我们可以把每一时刻表象为我们的最终时刻——而且,按照真正基督教的学说,也确实应当如此地来表象——,所以,我们才用彼世中有声有色的未来来代替今世中暧昧的、模糊的未来。

所以,从这一点看来,彼世,就其心理学上的来历和必然性而言,不是别的,不过是关于未来的表象;不过,人把这种表象本质化、独立化为一种与现实的未来不同的状态,正像人把源出于自然界、从与物质的联系中抽离出来的悟性法则独立化为一个与自然界区分开来的悟性本质一样。正是由此,即由于彼世不过表现了关于未来的表象,所以,人就可以把它想成比今世更美丽,比现实更美丽。目今的祸患,我是感觉得到的,但是未来的祸患,我却无法感觉到;未来是以我的愿望为转移的;它完全听凭我的幻想支配;它与物质性的目今不同,从不违拗我的幻想;它并不限制我;在它那里,什么都可能:乞丐成了百万富翁,伍长成了皇帝,凡人成了上帝。

但是,如果人的前面实在不再有未来,那么,人怎样会表象有一个未来呢?那么,这个表象,岂不是证明了一个彼岸的彼世之存在,或者,至少证明其必然性吗?当然,对于那种把自己的表象当作存在的尺度,由思想、语言、精神来创造世界的人来说,毫无疑问地,应当由这种表象来建成各式各样的未来世界。但是,对于那种既非信者,又非思辨的行奇迹者来说,这种表象却只是证明和表现了表象活动的本性。在表象中,只要我意愿还活下去,我就可以自由不羁地把我的生命延续到永永远远;但是,这样的生命,正因为是无限制的,所以只是被表象的生命而已。然而,正是当人不再有未来,当人临近逝世,从而有最好的理由来进行关于未来的表象时，他却越是不需要这样的表象①；因为，一般说来，人在临终时总是病痛萦身，在这样痛苦的时候，人对未来就不会再有诗意的、或宁可说表面看来是诗意的表象，在这样痛苦的时候，他别无他望，只求解脱痛苦，而为了解脱痛苦，他当然就应当以自己的不存在为代价。所以，说只是为了穷人、不幸者们才不愿意听任彼世受到攻击，不过是一种无用的推托之辞。不幸者所意愿的，不过是结束自己的不幸。但是，死却是一切苦痛的终端；所以，死是穷人的愿望，而不死，却是花天酒地的富人的愿望。穷人是唯物主义者，而富人是唯心主义者。穷人要求实惠的、物质的、合时的帮助；如果他们得不到这种帮助，那么，他们也就不会自不量力地愿望将来到天上去尽情纵乐，他们只有一个极其低微的、否定的愿望，这就是：不要让自己再存在下去。不幸者所意识到的，只不过是他自己的不幸。所以，他把死看作是大救星，因为，既然死使他失去了自我意识，那么，他所失去的也就不是别的，不过是对他自己的不幸之意识而已。

———

可是，彼世不仅具有时间上的意义，而且也还有空间上的意义。彼世是此地的彼岸；彼世是空间上的远方。这样说来，彼世信仰就完全是自然的、必然的、普遍的信仰了；因为，它补足了人生存

---

① 此外，众所周知，生有一些病，其临终的征兆，正是关于一个更好的未来——在这里，也即关于病体复元——的表象和希望。这以及其他相类似的一些现象，虽然被迷信的心理学家们利用来为他们自己的目的服务，但是，生理学却极其简明地把它们解释清楚了。另一种心理现象——这我至少已亲身经历过——，也不与以上所说的相矛盾。我现在把它安放在下面这一句未曾刊行过的格言之中："人在年龄上愈是临近死，他就将死放得越远，他就愈是推延它；反之，人实实在在越是远离死——例如，在青年时——，他在想象中就越是觉得靠近死。"问题在于，这个现象只是基于下面这样一个理由：青年喜欢以纯粹的可能性、表象、梦幻为事，而高龄老人则仅图度日。——著者

所必要的安身处的局限性；也就是说，彼世信仰最初只不过具有地理上的意义。虽然各野蛮民族将他们的彼世安放在太阳、月亮和星球上，但是，他们却并不因此而离开了大地，因为，真正说来，他们丝毫也不知道太阳、月亮和星球之距离；在他们看来，这些东西与他们自己的居住地同属一个空间，只不过它们是在上面，是手所达不到的，而他们自己却在下面。至于人如何会想到彼世这个问题，则简单地由于除了他自己的居住地以外，还有别的地方。可是，感性、直观，却只是给人提供余地而已；他看到，远了还有远，或者说，他的眼睛至少总是能够达到比他的安身处更远的地方；他身体不到之处，他的眼睛却能够看到。所以，作为眼睛的对象物，对人来说，彼世是表象、幻想、诗的对象物，而作为这样的对象物，彼世就也是比人现实的肉体生活的居所更为美丽的居所。基督教唯理主义者很少考虑到，如果星球上是可以生活的，那么，星球上早已住满了与各星球的特点相适应的生物了，绝无空地备留陌生客人；同样地，未开化民也很少考虑或知道，这种所谓的远方，其实也已经有其自己的居民了，那里的居民，也同他们一样地有血有肉，而且，那里的居民也许正是把那个对这里的这些人来说是不幸的今世的地方当作彼世呢。这样，人就把远方当作他的愿望和幻想的运动场。凡是超越他的小圈子和可以感觉得到的缺陷的地方——那么，在怎么样的国土中，可以万事称心如意呢？——，他都认为是更好一些的；可是，请注意！这只是在幻想中而已；因为，一般说来，人如果实实在在远离了他的家乡，那他就会常常勾引起思家之念；身在远方，人只看到自己的家乡的光亮面，而身在近处，人就只看到它的阴暗面了。

但是，人怎样会把他的死人们，同时，由于他把他自己与他的死人们同一化起来，从而又把他自己的遥远的未来，一起置放于这种远方呢？前面曾经解释过，人在开始时丝毫也不知道死的根据、必然性；他不能向自己解释，人为什么死了；这死了，曾经有了一切他所愿望的。所以，在活人看来，死人只是出一次远门而已。可是，除了到那越过山岭或海洋的远方，或者上升到星球上去以外，他们还会到什么地方去呢？死人还只是被表象的本质，还只是存在于幻想之中的本质；那么，他们如果不是存在于那虽就其有限存在（Dasein）而言确是感觉的对象物，但就其本质而言却只是表象、幻想的对象物的地方，还会在什么地方呢？最适宜于那些由于死而从可知的领域移入无知的领域中去的本质安身的地方，就是这样的地方：它仅仅是人的无知的感性表现。所谓无知之地，就是虚空的空间。可是，人远远比自然界更具有 horror vacui（对空虚的恐惧）；他要什么都知道，然而，毕竟什么也不知道。这样，他就给他所无知的那种虚空的空间，充实以他幻想出来的各种外形。但是，对人来说，第一个纯粹属于幻想的本质是什么呢？就是死人。既然对于没有教养的天然人来说，死是自然界中最不可领悟的、同时也是最可怖的现象，这样，死就先成了幻想的诞生地，然后又成了宗教的诞生地；因为，宗教不是别的，不过是在于用幻想力来弥补、或宁可说神化人的无知。确定的本质①结束了，被表象的、被幻想的本质——宗教的本质——便开始了。正像属神的本质，就其理论来源而言，不过是某个自然现象之被幻想所神化了的尚未了解的原因一样，彼世也不过是被幻想所神化了的尚未了解的远方。

---

　　①　指活人。——译者

　　彼世的这种意义和起源,也可以从希腊人和罗马人的哲学观念中看出。他们认为,死人不是在地上或地下的冥府中,而是在天上,在星球上。对人来说,当他还没有提升到对自然界进行经验的、科学的直观这样的观点的时候——,星球是不可触碰的本质,是觉察不到的本质,是仅仅视觉上的本质(因为,它们只是作为光而被眼睛看到),是纯粹精神的、超乎人的、属神的本质,也就是说,是幻想的本质。对象物对人表现为怎样,为他就是怎样;为他是怎样,对象物自在地就是怎样;他毫不犹豫地将主观同客观完全等同起来。可是,为他,星球是没有形体的本质;对于它们,粗笨的、物质的感官是无能为力的;它们高高地悬挂在大地的上面,高高地悬挂在可知领域的上面;这也就是说,它们得以避脱任何实验,而这样一来,它们就不会遭受到触觉器官之凡俗不圣的批判了;因此,它们自在地是无形体的、更高的、超乎地的、属天的、属神的本质——当然,只是对人来说,它们才是这样的本质——,也就是说,它们正是虚幻的本质,是幻想的本质①。但是,作为这种感性意义

---

　　①　我们知道,站在基督教利己主义(正像那叙述人关于星球的观念之可资借镜的历史所特别清楚地表明了的那样,基督教利己主义在关于自然界方面,成了最粗鲁的、最庸俗的唯物主义,把包括太阳、月亮、星球在内的世界贬抑为人的寓所)的立场上,必然会想象到某个有人格的、有目的的自然界创造主,而站在抽象的、思辨的、疏离自然界的、自我合一地存在着的思维的立场上,就必然把逻辑或者某个思辨的思想物假定为自然界的根据。同样地,站在天真地把一切都美化的直观的立场上,人类必然把太阳、月亮、星球想成是更高的、超乎地的、超乎人的、属天的、精神的本质。所以,如果由思维必然性归结出存在必然性,则是再愚蠢不过的。如果因为人站在一定的立场上必然把上帝想成是必然的而就说的确存在有一位上帝,那么,行星的运行轨迹就应该是圆的,而不是椭圆的了;因为,人的理性,在它由于直观到正相反的现象而信服之前,必然把圆周运动想成是最完善的、最合情理的。关于这一方面,可以参看李希登堡在他的《尼古拉·哥白尼》一书中所说的。——著者

上的精神本质或精神意义上的感性本质,星球对死人来说是最适当的地点、表现、影像;死人甚至与星球有着同样的本性和性质。与星球一样,对于死人们,物质的感官也是无能为力的;与星球一样,死人们也是已经摆脱了一切粗笨的组成部分,摆脱了形体;他们飘荡于幻想的以太中,唯有灵眼才能看到他们。

　　此外,所以要把死人安放在天上,同时也是由于人们想要荣耀他们;因此,最初,只有最杰出的人,才配得上被安放在天上①。景慕、崇敬、感谢、爱——除了那些为人类谋福利的杰出人物以外,还有怎样的本质配得上让大家有这样的感触呢?——,是一些富有诗意的感情,是人里面的荷马史诗和赫西俄德(Hesiod)史诗,这些史诗,为人创造出许多的上帝,至少,创造出一些不仅仅表现出恐怖和惊骇的上帝。因为,它们赞美起来是没有限度的,是盲目的;它们永远是在最高级;它们一定要把所赞美的对象的固性提高到想象中最高的、超越人的本性的限度的程度,不然的话,就不能得到满足。而且,只要它们不能现实地效劳于被荣耀的本质——也就是说,如果人已经死了的话——,那么,它们就越是夸张和越轨了。一般说来,只要人还活着,那么,不管他如何杰出,却总还只是一个普通的、经验的本质。每个人都觉得自己不比他差。他所有的,我们也都有,他是我们的同乡,同我一样地也是人,是犹太人,

---

　　① 例如,在希腊人那里,只有英雄,才配得上这样。众所周知,荷马史诗中关于赫叩利斯说道,他的幽灵在于阴府,而他本人却仍然位于不死的神灵之列。这个"本人"又是什么呢? 是"他的精神"。可是,这个精神,又是什么呢? 这就是那个由于其行为而著名的、历史上的或神话里的、还在幻想的天国中活着的赫叩利斯;但是,另一个赫叩利斯却是幽灵,是死了的。——著者

是希腊人；我为什么要低他一等呢？预言家在他自己的祖国，是不显赫的，这也就是说，活人在活人中是不显赫的。可是，死却使他与我们不再共处往来，这样，就使他不平凡了。只有到了现在，我的眼睛才明亮起来；只有到了现在，我才不被我的自私和自负所阻碍，能够了解他和珍视他；同他的个性、也即同他的现实性一起，我与他、他的本质、他的作品、他的言语之间的隔阂，也没有了。同活人，我要斤斤较量，而对于死人，我就过分地让步。活人总是好像彼此有着不共戴天之仇；他们都斤斤较量于他们各不相同的个性，彼此针锋相对；但是，死却磨平了这些针锋；死确立了和平和调和。死人不再有意气，不再有个人利益，不再有利己主义；因此，他也就不再会惹恼我们了；他不再是我们利己主义意气的起因和对象了：他纯粹只是人的感情的对象，也就是说，正只是宗教——这里是指在最好的、属人的、唯一真实的意义下的宗教——的对象。死只给我们留下纯粹的本质，只给我们留下长处；至于个人的阴暗面、短处、不足处，则我们把它们忘了。简言之，在死里面，死去的是作为人的人，作为凡俗的、感性的、非信仰的直观的本质的人，但是，因为这样，他却就将在人们的精神中，在人们的心中和纪念中，作为上帝、神仙、守护神——真正说来，他之飘游于我们周围，确也是在保佑我们，因为，我们可以得到教训和榜样——而重新复活。

　　对于一个本质，我们越是无能为力，我们就越是愿望竭尽己力。正是因为我们不能实实在在地行善举于死人，故而我们要把死人敬之若神，以作补偿。当我们感到对于死人来说我们已不再是什么、我们已不能为死人做什么事这个缺陷时，我们是很痛苦的；但是，我们越是痛苦，我们就越是用幻想跳跃得高，以便能够从我们心中把重担除掉。我们越是感到死是一种否定，我们就越是深深地哀悼死人之不再能够享受生命之光，我们就越是看到死人的功绩和德性发出更耀眼的光辉。死人自己感觉得越是少，我们为他就感觉得越是多。正像理所当然的，在幻想中死人所发出的光芒，其感性的、物的表现便是星光一样，同样理所当然的，人在渴望荣耀自己对死人的感觉时，也是诉诸于他在自身之外所知道的至高者和至尊者，以便这样来恰当地、令人满意地表现他自己的神化的爱和崇敬。这都是多么自然而然的啊！

但是，只有星球——当它们还是幻想的对象物的时候——才具有此种属天的、宗教的意义。由此可见，现代唯理主义基督教之不管诸星球已经由仅仅视觉上的和幻想的本质被贬谪为间接地可以触觉到的——就是说，可以权衡的、有形体的、属地的、经验的——本质，仍旧把它们当作它的幻想的彼世之基础、支点和端绪，乃是何等地肤浅，何等地自相矛盾和愚蠢。把彼世建立在星球——作为经验的对象物——上，其实无异于把不信作为信仰的基础，把怀疑作为希望的寄托，把死的感性的真实性、从而也即不死的不真实性，作为论证不死的论据；因为，使我信实现代天文学的那个观点，即经验的观点，也使我信实死；否认星球有其彼岸的、属乎天的本性的那个观点，也否认人有其彼岸的、不死的本质和彼岸的、不死的生命。

——

在以上所讲的意义——这乃是唯一真实的意义——下的彼世观念，只有当人还各自局限于、且感到局限于一定的地点、一定的时间时，才是适当的，才是必然的、自然而然的。随着人视界的扩大，就由在回忆过去的种种事情或期望在历史的未来将要发生的种种事情中的存在，来代替在彼世的存在，由今后的、前所未知的世界来代替那另一种世界。所以，彼世的真正的实现，乃在于文化。文化扬弃了时间和空间的限制；它使我超越目今，使我回复到久远的过去，使我能够约略地重温那个我用一无所为、一无所知和一无所是来使其暗淡和模糊的过去的几千年，并且，它也使我能够根据类推法对那未来的几千年作粗略的预料，虽然在那时，我同样地也将一无所是。同样地，文化也将对最遥远的土地的认识，移置于我自己的乡土；它通过除绝森林和沼泽地减少了云和雨的形成，使我不仅了解我的头，而且也了解我头上的天，既然这样，它也就消除了我个人居住地的界限，而正是因了这种界限，才唤起我对彼世的企求；简言之，文化实现了对于另一种更好的存在的愿望和幻想。但是，理所当然的，人总是能够愿望比他现在有着的更多，而且，总是能够把一切东西都幻想得千百倍地比它们现实的状态更为美丽。所以，即使现在，他依旧梦想着一个彼世。但是，如果说在起始时人是由于缺乏、贫困、局限性而去信仰彼世的话，那么，他现在之信仰彼世，就不是由于需要，而是没来由的，只不过是出于奢望而已；因为，他现在在地上已经有了彼世：物质上，有生活中的各种享受，精神上，有艺术和科学的宝源。一般说来，虽然文化不断进步，人却总还保留着他的不文化的残余，任怎样也不肯放弃。这个神圣的残余，这个一代代继承下来的人类原始野蛮、迷信之法定世袭财产，便是宗教。正像历史所明言的，在文化时代的一切民族内，宗教不过是对过去的偶像崇拜，不过是对古代各种观念和风俗的虔敬。这就显然地证明了，宗教的起源和本质，仅在于人类尚未开化时的感情方式和表象方式。就宗教方面而言——当然，不是仅仅这一方面而已——，至少直到现在为止，文化的进步总只是在于使宗教上的观念和风俗习惯适合于高雅文明，把它们磨光一下，除掉一些一眼就看得到的粗糙之处和有辱于有教养人士的地方，可是，却毫不作梗地保存了基础、主要点、本质。故而，基督教虽然免除了流血的人祭，却代之以心灵的人祭。基督徒虽然不再为了自己的上帝而牺牲肉体——至少，不会直接地和暴力地牺牲肉体——，但是，却因此而为了自己的上帝牺牲灵魂，也就是说，牺牲人的各种意向和倾向，人的感情，人的悟性。故而，现代的基督徒们，虽然早就否认他们的上帝具有一切所谓的直接影响，一切奇迹，也就是说，否认他们的上帝具有一切显然与理性相违背的表明他的存在的征候和证据，但是，却依旧不否认他们的上帝的存在；他们只是将他的存在推移到远方，推移到世界的始端，也就是说，推移到人类文化的始端，推移到人类不文化、无知和蒙昧的领域。故而，他们虽然早就抛弃了古时宗教上的彼世之显然与天文学相矛盾的，和一般地，与先进的文化相矛盾的那一些性质——正是这些性质，才是正确的：因为，一般说来，只有古时的宗教观念，才是真正的宗教观念，其原因在于宗教正只是植根于古代的、也即处于童年时代或野蛮状态的人的思维方式和感情方式——，但是，他们却并不抛弃掉彼世。当然，彼世仍还只是一种无基础的表象：文化已经把它的基础撤除掉了。它只是存在于幻想的蔚蓝色天空中——随着古希腊人地理知识的扩大，他们的彼世已失却其属地的、即现实的存在，其情形，便是如此——；可是，虽然如此，这个彼世，作为善良的古代的遗物，仍旧还是神圣的。有许多人，对于他们童年时代的服装和玩具,虽到老年仍旧不忍释手;他们不能与那虽然早已对他们毫无用处,但一度曾经对他们非常有价值和有意义的东西分离开来。人类之于其宗教上的观念和风俗习惯,其情形亦然如此。一般说来,在绝大多数所谓的有教养人士那里,文化只是一个外表;只有当那令人感到快意的粗暴和无知,同时也有充分的容身之地时,他们才肯对文化让步;只有当文化并不与他们的利己主义、他们的个人利益相矛盾时,他们也宽容它;因此,他们使文化远离他们自己的宗教观念;因为,这些宗教观念最深地关联到他们的利己主义,而理所当然的,在宗教的神圣的保护下,利己主义有特权不被当作利己主义,因为它可以把它对损失自己的"我"和自己的生命的畏惧对象化和神化为对上帝的畏惧。是的!一种信仰,越是没有基础和必然性,越是只是幻想之事,只是鬼怪,只是洛可可式的①虚荣心的表现,那么,它就越是躲避到教皇陛下的灵光的后面,就越是被当作人类的守护神,而且,其代表者们,当人们侵犯到他们的幻象时,就越是要怒气冲冲。故而,有些人,如果你去指责他们完全没有或很少有现实的功绩和才干,他们倒没有什么,但是,如果你去指责他们完全没有或很少有他们所幻想的功绩和才干,他们就要怒气冲冲了。

---

①　洛可可式(Rococo)为十七、十八世纪时欧洲流行的一种纤巧浮华的室内装饰法,例如,贝壳式、花叶式等等。此地意谓华而不实。——译者

批判的不死信仰

　　基督徒们,看到"野蛮"民族或落后民族供奉饮食给其所爱的死人,便讥笑他们的愚直,并且,由此得出结论,或者,从这些野蛮民族自己的口中听到,如果没有了给养,他们是不能设想什么死后生存的;其实,基督徒们没有看到,此种粗鲁的、也即非批判的信仰——根据这种信仰,人在死后没有什么改变,其实,也就是不存在有死,活人与死人没有什么差异——,乃是唯一真实的和天然的不死信仰。只要让步到承认死是一种否定,承认在死里面,吃喝婚娶尽都停止,那么,对死这种否定加以任何限制,都未免过于自擅。这样,那首尾一贯的思想家,最终必然得出结论说,死并非一种部分性的终端,而是整个的终端。在这里,同样也用得到"非此即彼"。你或者是对死一无让步,不然,就是完全让步。既然你这样满不在乎地听任死夺去了你的咽喉,你的上颚,你的胃,你的肝脏和肾脏,你的生殖器,再有你的肺和心,那么,为什么你不愿意让死把其余的东西,把你的生存本身,也一起夺了去呢?如果没有了这些器官的机能,你还能够生存吗?"肉体上当然不能,但是,精神上却能够。"是的,精神上能够。但是,精神上的生存,又是什么呢?是抽象的,仅仅被想象、被表象的生存,是那已经被死夺去了一切属于现实的生存的东西的生存。那么,你怎能把这种否定的、抽象

的生存还当作生存呢？精神上的生存，如果同时也是现实的，那
么，这就是指有着脑袋的生存了。有精神，也就是意味着有脑袋。
可是，你能够设想一个脑袋自为地存在着吗？难道身体不是必然
地属于脑袋的吗？胃脏不是通过神经而与脑袋有着最内在的联系
吗？与吃这一机能有着最密切的联系的味神经和嗅神经，难道不
是正是通过它们之源于脑子而向你证明了它们的高贵的、精神上
的意义吗？当你失却味觉和嗅觉时（例如，在感冒时），你在精神上
不也是迟钝的吗？难道没有基础的语言，会从这些感官那里夺取
到表明具有精神能力的标记吗？美学上的口味，不是以物理学上
的口味为前提的吗？精致的精神，不是也爱好精致的食物吗？你
怎么能够将一个思想家或一个诗人的脑袋，配上一个农夫的胃呢？
你怎么能够从那些除了自己的海豹脂以外不知道还有什么更好的
东西的爱斯基摩人那里，等待得到审美感呢？人所是的，难道不依
赖于人所吃的吗？我们的口味，不是随同着我们的本质而改变的
吗？（反之亦然）孩童所爱吃的，就是成人所爱吃的吗？不！Sa-
pores①（味质）不同，Mores（式样）也不同，反之亦然。古印度人已
经主张，人的特性可以由他所特别喜爱的食物而得知，他的食物的
性质，就标志着他这个人的性质。所以，如果仍旧想赋予人以死后
生存，但是，却把那如此重要的、甚至是必然的、本质重要的、与人
的本质的中心点即脑有着如此内在联系的吃的机能抛弃了，那就
是再愚蠢不过的了。吃这个机能，在无数人那里，不管他们具有高

---

① Sapor 并不是指我的口味；但是，如果我的口味改变了，那么，立刻地，对物体
的味觉就也改变了。——著者

度的精神修养,具有虔诚的上帝信仰,却还是成为至高的生活乐趣。吃这个机能,对于一切尚还忠实于人的本性、还没有沉迷于超自然主义的幻想学、虚伪和假托的民族来说,甚至是他们的宗教本身的一种本质重要的行为。他们甚至毫不犹豫地也将这个机能加在他们的上帝身上!所以,基督教的不死信仰者们之非难不信者或死亡信仰者们,用普遍的不死信仰来证明这些人的不信之不近人情和不真实,其实,是极其无谓的;现在,基督教的不死信仰者们可以从上面所说的话中归结出他们自己的信仰之不真实,可以认识到,真正的、贞洁的、非虚言假语的对人的死后生存的信仰,不过在于信仰人在死后依旧吃和喝而已。人的生存,如果没有人生存的本质重要的条件和机能,那么,就只不过是幻想出来的、捏造的、虚假的生存。相信人在死后仍旧生存着,却不相信他像现在那样地生存着,相信他是业已被否定地生存着,这就无异于一方面肯定死后的人而另一方面又用死来否定他,无异于对于他是否生存着还是犹疑不决。因为,没有胃、没有血、没有心、从而最终也就没有脑袋的生存,只是极其暧昧的生存。这样的生存,不会给我以我的生存的规定性,在它里面,我不认识我自己,我找不到我自己。这样的生存,不过是我的被想象成为生存的不生存。这样的生存,如果把它放到光天化日之下仔细看一下,那就会化为乌有。所以,怀疑我是否能像在今世那样地生存着,最终必定会怀疑到一般地我是否能生存着;因为,我的生存是特定的,是今世属人的生存;如果你夺掉了我的生存的规定性,那么,你同时也就夺掉了我的生存本身。

————

当不死信仰脱离了它的幼稚的朴实时——严格说来,在那时,它既非肯定的信仰,又非否定的信仰,既非不死信仰,又非死亡信仰,因为它不明白,什么是死——,当它成了抽象的和反思的信仰,也即成了批判的信仰时,它就必然地成了自在地模棱两可的、动摇于自己及自己的反面(即不信,或反言之,对人不是不死的之信仰)的信仰。基督教之所以能够使不死信仰取得无条件的独占统治,只是因为基督教蛮横地强迫人的良心把基督教的见解奉为神圣的信条,并且,暴力地镇压反对的见解。所以,天主教教会公开地咒诅"人的灵魂"会死的主张。新教教会虽然不再支配有教皇的放逐令和火堆,但是,它却应用另一种同样有效的手段,使它的见解成为独一的见解。新教教会竭力诽谤和诬蔑主张人会死的学说,以致只要是与它的不死信仰相矛盾的人,几乎直到现在还给自己的名字留下了一个污点。

当不死信仰成了抽象和反思或思辨的信仰时,人就把自己分成一个会死的部分和一个不死的部分;一部分服从于死,而另一部分却免于死,并且与死相矛盾;这样一来,人部分地承认死,又部分地否认死,否定死。可是,这样的分离为两个本质上不同的部分,乃是与直接的统一感相矛盾的;只有会死的部分与不死的部分统一起来,人才是人,才有其自我感。只有当氧和氢结合在一起时,水才是水;在分离后,只有两种元素存在,水却不再存在。这样,人的各部分、各元素也是能够不死的,至少,有一个元素:"灵魂";可是,灵魂的这种继续生存,还远不包括我的继续生存。在睡眠时,"灵魂"也是活动着的,也是起着作用的,即使是在我的有意识的表象和活动的领域内;可是,虽然如此,"我们并不把我们入睡或进入梦乡的钟点也录入我们生活的日记本中,不把这些钟点也算作我们已经活过了的钟点"。我有我的自我意识，一般地，我有意识——正是因为这样，我才估价和估计我的生存的价值和长短——，但是，这只是当我的感官是启开着的，是醒着的时候，只是当我用我自己的脚站立着，当我直立着显示和保持人的本质的威严的时候。在睡眠时，"灵魂"和意识之在醒时联系在一起的诸要素，尽都分离开来了；可是，正因为如此，我在睡眠时便失却了生存，而我只对这样的生存感到兴趣，只承认它是我的生存，至少，是我的真正的生存。至于我的精神的、社会的、历史的生存的诸要素，则这就指我的那些本质重要的思想了；因为，如果我把我自己与我的这些放浪的思想分离开来，那么，在这一方面，我还是什么呢？我的这些本质重要的思想，是我的灵魂，是我的精神；但是，在我死后，虽然我已不再生存，但是，这个精神，却继续存在；只有当我将我的这些要素总合于我的这个脑袋中时，我才是生存着的。食物，只有当它们是食乐的对象物时，它们才是我的意识和自我感的对象物；但是，另一方面，只有当这些食物还没有分解为它们自己的元素时，它们才是食乐的对象物；这种分解，是在一个超越我的意识和我的自我感的世界中进行的；可是，当我的自我感、我的意识终了时，我的存在也就结束了。所以，对于一个为了食乐的短暂而悲哀，渴望食乐继续下去的人，如果我从生理学上给他证明，同化作用并不是随同食乐的结束而结束，在腹中，同化作用仍继续达数时之久，而且，比起舌上食乐的迅逝，甚至说得上是永续，那对他是无济于事的。同样地，如果有人从心理学上（也许甚至是从各种隐晦的、暧昧的或病态的、尚未得到阐明的现象上）来给我证明或希望给我证明，我的灵魂——这个与我的身体有所区异、且隔离开来了的本质，或者，宁可说非本质，是完全超越我的自我感和生命感的，是没有任何规定和固性的，而只有在这些规定和固性中，我才有了我的有限存在的确定性——在我死后仍旧继续生存，那么，这对我也是无济于事的。

此外，一切由"灵魂"或"精神"的本性中获得的证明不死的论据——正是当不死成了反思和抽象的对象物时，对证明的需要，便就证明了不死的不可靠——，证明了太多；可是，正是因为这样，这些论据就没有证明它们所应当证明的和所希望证明的。因为，既然灵魂是无终端的，那么，由于同样的理由，灵魂就也是无始端的，——这是一个历史地可靠的因果推导。第一个光辉的、思辨的对人灵魂不死的论证——柏拉图式的论证——，是值得注意的，是宿命的。本质上给一切后此的论证奠定了基础的柏拉图式的论证，也完全有意识地同时论证了，灵魂是无始端的，在今世生命以前便已生存着了。但是，显然，人现在已经开始生存了；或者说，虽然他在今世生命以前已经生存了，但是，他对这种生存很为冷淡，就像没有生存过一样，因为，它超越他的经验，超越他的意识。因此，如果说他像没有始端那样意义地没有终端，像他在今世生命以前已经生存过那样意义地在死后仍旧生存下去，那么，他就必定会漠视这种死后生存，因为，这样的死后生存，并不与不存在有甚么区别。机智的基督徒们，除个别的人以外，都从他们对人灵魂不死的证明中删除了对灵魂的先存（Präexistenz）的证明，因为，在他们看来，这显然只是一个幻象而已。那么，为什么他们认为灵魂、人在今世生命以前的生存是幻想，而在今世生命以后的生存就非但不是幻想，反是真理了呢？这就因为，过去，是我们所完全漠视的，而未来,却是关系到我们的切身利益,关系到我们的利己主义的。故而,对我们未来的生存的证明,是真实的,是不可辩驳的,因为它基于我们的利己主义;但是,对我们过去的生存的证明,虽然也有着同样的理论上的有效性,却完全只是不稳固的,是空想的,因为它不是基于我们的利己主义。基督教的神学家和哲学家们,已经将那被异教哲学家看作是理论上的、从而是自由的、任凭质疑的事——不死——,与基督教的本质相适应地,变成宗教上的事,也就是说,变成有关人的自爱的事,变成关乎得救的问题;因此,他们将不死证明分为两部分,将他们全部理性、时间和精力都只集中于与人的利己主义有切身利害关系的那一部分。只有那具有畅所欲言之优良品质的柏拉图,才获得了好名望;因为,正像那还没有因为受了超自然主义的毒害而败坏了的异教(其中特别是希腊教)公开坦白自己的弱点和缺点一样①,他也公开地给我们指出了不死证明的弱点,并不用例外以及基督教的非常实践的聪明灵巧所想出来的托辞来加以掩饰。

所以,如果把不死问题理解为心理学的或形而上学的问题,那么,这样的着眼点就是完全错误的,是不会有丝毫成效的;因为,即使是经验的心理学家们,他们的灵魂、精神也只是一个形而上的东西,是一个 Ens rationis,是一个纯粹的抽象物,或者说,是一个纯粹的幻想物。这个不死问题,也同每一个与我们人有切身利害关系的

---

　　① 即使在古代最恶劣的时代,即罗马专制时代,也是如此。罗马的专制与基督教的专制之区异,仅仅在于前者是生理学上的、肉体上的、武的、猛烈的、流血的、诗式的、感性的、光明正大的、天才的专制,而后者,却是心理学上的、神经上的、毒物学上的、慢性的、无情的、散文式的、伪善的、有系统的专制。——著者

问题一样,只有从人本学观点来理解它,才能得到正确而明晰的了解。这是基督教的不死信仰的真实的一部分,而基督教的不死信仰之所以能够制胜异教对不死的怀疑或不信,就是由于这个。不死信仰已经由心理学或思辨——因为,正像已经说过的那样,灵魂只是思辨的一个产物——的事成为人类学的事,由抽象的事成为感性的事;完整的不死,也就是肉体与灵魂的不死,代替了部分性的不死,人的不死——复活——,代替了精神或灵魂的不死。唯有复活,才是不死的保证:同一个人,同一个肉体。在这样的范围内,即认为不死的灵魂不是别的,不过是那在幻想和回忆中重新由死里复活的、被表象成为独立的、生存着的本质的曾经活着的人的影像,基督教就回归到自然的、民间的信仰了。可是,基督教已不再是人类原始的、纯洁的、朴实的、天真的信仰了;它是反思和抽象的信仰。基督教中居首要地位的上帝信仰,并不是像基督徒所以为的那样是人天生的、固有的、原始的信仰。其实,基督徒们只是将他们自己的有神论的观念来偷换民众的信仰,而且,在善良的古基督教的时代,甚至于强制母腹中的婴孩接受他们的信仰。即使是今天的孩童,对于上帝,在还没有受到他们的父母或者教师在这一方面的教育时,也是一无所知的。人的原始的信仰,便是对感官的真实性的信仰,便是对可见、可闻、可摸的自然界的信仰。不过,在无意之中,他使自然界与自己类似起来,使自然界人格化。但是,这以后,人就将自然界对象物的这些由于无意的人格化而产生的产物,与自然界对象物本身隔离开来,使前者成为具有独立的人格,并且,最后,当人已经上升到能够直观到世界的统一性时,又将它们总合成为一个与自然界不同的人格或本质。这样,他就将那个最直接地与他的原始信仰相矛盾的本质,认以为真;这个本质,只是基于对感性的真实性之不信;这个本质是生存着的,但是,其生存,却不具备有一切可靠的标记和证据,而人就是把他对自然界的生存以及他自己的生存之信仰基于其上,也就是说,就是把这些生存的可靠性基于其上;这个本质,作为一个完全抽象的和否定的、非感性的、非有形的、非可见的本质,只是一种抽象的和否定的、因而只是虚伪的和勉强的、但归结底却由于数千年的传统而成了人的习惯、人的另一个本性的信仰的对象物。因此,与基督教的上帝信仰一样,基督教的不死信仰也并不是人类的原始信仰,而是一种思辨的或抽象的和否定的信仰。当然,在这个信仰中,基督教重新又重视人,重视感性;但是,只是一半地加以重视,只是虚假地加以重视,只是用抽象和否定来加以重视。在天上,他们不再婚娶。肉和血并不进入天国。基督教以超自然主义的效学天使和持守贞洁作为其矫饰;基督教使人成了一个太监;虽然有着有形体的复活,但是,基督教却还是使人成了一个鬼怪般的、幽灵般的本质。所以会这样,就在于基督教从人身上剥夺了一切肉体上的需要和机能,其中特别是性官和味官的机能,甚至被视为兽性的机能。这样,既然人不应具有同野兽所具有的一般的性器官、同化器官,那么,似乎人也就不应当具有同野兽所具有的一般的感官、脑袋和生存,从而,基督教的超自然主义者,如果确实希望自己成为首尾一贯、始终如一的人,那么,为荣耀自己起见,他似乎应当在割去生殖器的同时,也将脑袋割去;因为,只有当人一无所是时,人才与野兽一无共同点。但是,正因为基督教本身已是一种否定的和批判的信仰,所以,只要我们非但看到这一半,也看到另外的那一半,只要我们进一步研究它的否定和批判,那么,这就是这种否定的和批判的信仰的必然的、咎由自取的结局了。在天上,也就是说,在死里面,他们将不再婚娶,不再睡觉,不再吃喝了。我们不妨再添一句:他们不再生存了。可是,正是这样地否定了基督教的两半分割以后,便使我们回复到无矛盾地、真正地、完全地肯定人,从而,也就正是回复到人类的原始信仰。在原始信仰看来,既没有死,也没有不死,不过,这只是出于幼稚无知,出于缺乏教养;它只信仰今世生命的真实性;它之设想死后的人,与设想死前的人一样。在真正的、完整的①人看来,也是既不存在有不死,又不存在有死,但是,这却是由于教养,由于科学,由于对它们的虚无之认识。最例外的是关系到他自己的人身,其次,是关系到所爱的死人,至少,当这些死人还像以前在现实中那样地在他的心中仍旧活着,还像以前在现实中那样地被他奉为神圣。

————

人之具有不死信仰——至少,真正的、有意识的、故意的不死信仰——,只有当这个不死信仰表达了判断,也就是说,只有当"不死"不过是人对于他所深为珍重的对象物的赞词,而"死"不过是用来表示蔑视的措辞的时候。身体的机能,也就是说,肚腹的机能,是可厌的、低等的、庸俗的、兽性的,这样,也就是必然要消亡的,是必死的;但是,精神的机能,也就是说,脑袋的机能,则是高贵的,是荣耀人的,这样,也就是不死的。"不死",是价值的表明;它注定只归给那经过反复思考认为配得上不死的人。所以,不死信仰,只有当它把自己与上帝信仰同一化,只有当它表达了宗教上的判断,从

————

① 这里所谓完整的人,就是指那业已否定了基督教的两半分割的人。——译者

而,不死只是神性或神德的表示时,不死信仰才能存在。证明人
或灵魂是不死的,其实无异于证明灵魂或人是上帝。或者,说得
更正确一些,证明灵魂的不死,只是基于证明灵魂的神性,不管
是直接地还是间接地将神性归给灵魂;可见,人们设想一个与灵
魂不同的神性,但现在,却又证明灵魂同神性在本质上是统一
的。即使在这一方面,古人对于我们来说,也是可资借镜的,因
为,他们爽直地提出了人的灵魂或精神的神性,直言灵魂的神性是
证明其不死之基础[①]。反之,灵巧而伪善的基督徒们,虽然在本质
上最坚定地、甚至比古人还要坚定地承认人的灵魂或精神的神性,
但是,口头上却坚决否认。

　　因为"不死"只是用来表明赞扬、推崇的情感用语,所以,由此
可以明白,为什么古人只是把不死看作是贵族的特权,只是把不死
归给那些伟大的、杰出的人,或者,说得更正确一些,他们并不是从
全人类出发来研究不死问题,而是只注意伟人们的不死。例如,塔
西佗说道:"然而,正如先哲们所主张的,伟人并不随同身体一起消
亡。"基督教将古人的这种为贵族所特有的不死,变成平民的公产,
每一个,并不一定要有杰出的优点或政治上杰出的德行和功绩,只
要是信基督的,便都能有份。但是,这样一来,基督教重新又使不
死成了信仰上的贵族的一种特权;因为,只有这些信者才得进天

　　[①]　在上帝信仰方面,古人对于我们来说,也是可资借镜的;因为,那在任性的、偏
私的基督徒们看来是直接地可靠的东西,在思想自由的古人那里,却还是质疑的对象
物。所以,那在基督徒们看来已是完成的、确定的本质的东西,在古人那里,我们却亲
眼看到它形成、产生。基督教是上帝的母亲,并且,也只认识上帝的母亲。但是,上帝
的父亲,却是异教。——著者

堂,而不信者,无神论者,却要下地狱。但是,只有天堂才配得上
"不死"这个光荣称号;只有愉快的、幸福的存在,才是存在;反之,
地狱却只是不存在的恶毒的表示法,只是信者出于基督教的爱而
将不信者移放其中的永永远远的死亡恐怖。信者之所以尚且允许
不信者具有这样一种生存,只是因为,如果没有了生存,那么,就不
能设想还会有什么刑罚、痛苦,就不能设想还会感觉得到不存在。

———

真正意义的不死信仰只有在这时才产生,即人已经意识到死
是一种否定和抽象,但是,因为人自己在思维时也从事一种否定和
抽象的活动,故而,他不让否定和抽象伸张到作为主体而成为这种
活动的基础的本质——精神——,只允许否定和抽象伸张到他所
能目睹的本质,一般地,感官所能及的本质。说得更正确一些,在
死里面,他只看到这样的否定和抽象的表现,即他自己在思维过程
中,当他由一个感性的对象物形成一个普遍概念时所进行的否定
和抽象。那么,死怎样可以扬弃掉它本身仅仅是其现象的东西呢?
哲学化就等于死去,死去就等于哲学化;也就是说,死授给人以哲
学博士的学位。这就意味着:人死去了;但是,哲学家是不死的。
其实,死从一般人身上强行夺去的东西,乃是在哲学家看来情愿被
夺去的东西。哲学家——至少是真正的、思辨的、柏拉图式的、基
督教的哲学家——,在活的时候就已经失却了味觉、嗅觉、听觉、视
觉和触觉。虽然他也吃也喝,也执行着诸如看、听、摸、爱、走、奔、
呼吸等等一切兽性的机能,但是,却是心不在焉的,从而,也就只是
下意识的。他做这一切,并不像普通人那样感到快悦和可爱,不!
不! 只是出于无奈,只是感到恼恨和厌恶。他之所以要这样地与

自身相矛盾，只是因为他知道，享受思维之乐，是与生活中这些凡俗的机能相关联的，只是因为，如果他不活着，他就不能思维，不能空谈哲理了。既然这样，对他来说，死还算得了什么呢？其实，死只是否定了他自己曾经否定过的东西，死只是一切生活乐趣和生活机能的终端。所以，在死后，他仍旧继续他的生存，不过，不是作为人，而是作为哲学家；这也就是说，他把死——否定和抽象的行为——设想成为生存，因为他把它与思维行为这个至高的生活行为同一化了；他将本质的否定人格化为本质，将不存在人格化为存在。

即使是基督教的天堂，就其真正的宗教意义而言，也不过是那被设想成为基督徒的存在的人的不存在。死是一切罪恶和错误、一切情欲和贪欲、一切需要和斗争、一切苦难和悲痛的否定、终端。因此，古人便把死称为医生。〈在我的《论死与不死》一书中，我用下面的诗句来对学术界介绍死：

> 它是地上最好的医生；
>
> 这位医生，从来没有失败过；
>
> 无论你们的病多么重，
>
> 他都会取得自然界的同意加以根治。

在诗的结尾，与教士式的医学相反，我如此地来赞扬死：

> 教士们，现存的灾难是无可医治的，
>
> 只有死，才治好它们。这诗句并非神话，
>
> 医生所医治的病，是一些蝴蝶，

它们并无害处,只是从花朵中吸取液汁;

那损害植物的祸由,是起于深下的低地;

它只有在它已不再存在时,才得痊愈。

你这位医生,怎样能够去治好那

已经被虫吃完了根的莴苣呢?

所以我以为,你们这些教士们

为了将来在天上得到一小块土地而现在所医治的疾病,

不过是炎热的夏天,在细嫩的皮肤上

所满布着的雀斑。

在你们的药房里,你们只有化妆品,

教士们,你们只是洗掉了衣服上的污点。

应用化妆品的治疗,要求庞大的开支和伟大的信仰,

唯有自然界,才默默地治好了危重的病。

上帝的本质,像阳光一样地明亮和明显,

基督徒们,请记住,只有自然界,才是唯一奥秘的!〉①

　　所以,如果我作为活人而来表象死②,作为存在者而来表象我

---

①　三角括号内的原文,在费尔巴哈活着的时候有,在 1903 年版的全集本中被略去。——俄文编者注

②　教育家和灵魂医生,或许正应当从这个观点来描述死。人的心是与死相调和的,如果脑袋告诉它说,死是一切与生命相联系着的、也即必然的祸患和苦难之否定;因为,只要有感觉,那么,就必然会感觉到悲痛,只要有意识,就必然会发生与自身的不和谐和不一致。简言之,祸患是必然与生命相联系着的,正好像空气中那会使火光和生命之光熄灭的氮气必然同氧气联合在一起一样。不断绩的幸福,乃到梦想。——著者[另,这一段注释,在《费尔巴哈全集》第 1 版作为注释;在 1903 年第 2 版中归入正文——俄文编者注]

的不存在，并且，把这个不存在表象成为人的生命和自我意识的一切祸患、苦痛和波折的否定，那么，在无意之中，我也就把对存在的感觉移入我的不存在；这样，我就把我的不存在设想和感觉成为一种福乐的状态。所以，一个像绝大多数人一样在思维与存在的同一性中成长和生活的人，一个分不清思想或表象同对象物的人，就把这种被表象和感觉成为与现实的存在的苦难正相反的福乐状态的不存在，当作死后的现实的存在了。即使是基督教的天堂，就其纯粹的、除却一切人为补救的增添和感性的修饰的那种意义而言，也只不过是一切劳苦，困厄，情欲，需要，斗争的死、否定，只是，这种否定被设想成为感觉、享受、意识的对象物，从而，也就是被设想成为一种福乐的状态。所以，死与上帝是合一的，上帝只是死的人格化了的本质；因为，在死里面，如同在上帝里面一样，一切肉体性、时间性、贫困性、贪欲性、好色性、无常性、缺陷性，总之，现实生活和存在的一切固性，尽都被扬弃了。所以，死去，只是意味着达到上帝，成为上帝；古人便已说道，死人是福乐者，永生者是完全者。

说得更具体一些，在基督徒们看来，天堂是一切非基督教的东西的否定、死，是一切肉体的、感性的、属人的东西的否定、死；因为，在天国中，基督徒不再是人了，他成了天使。然而，天使不是别的，不过是抽象的、超脱人的、从而真正的、完全了的基督徒的人格化；不是别的，不过是没有血和肉的基督徒，不过是被表象成为独立的本质的基督徒。正像严格地说来，柏拉图式的人在死后所留存的，只不过是作为哲学家的哲学家一样，不死的灵魂，也不是别的，不过是对象化和人格化了的哲学概念；这样，严格地说来，信基督教的人在死后所留存的，不过是作为基督徒的基督徒；这样，基督教的天堂就不是别的，不过是实现了的、对象化了的、人格化了的基督教。但是，因为无论哲学家还是基督徒，都不能够非人地生存着，哲学家实在不过是进行哲学思维的人，基督徒不过是信奉基督的、信奉上帝的人，所以，人的被表象成为纯哲学的或纯基督教的存在的不存在，重新又成为对人的一种肯定。只有站在人的肩上，哲学家才能够升高到不死，基督徒才能够升高到属天的福乐；只有当人可以不死时，哲学家、基督徒才也能够是不死的。我们知道，对于最抽象的、最普遍的概念，为了不使它成为毫无意义的空洞字眼，就应当置放一个感性的影像作为其基础；同样地，不管愿意与否，哲学家对于他的不死的灵魂，基督徒对于他的属天的、脱离了血和肉的本质，也都必须置放一个感性的人的影像作为其基础。但是，虽然如此，这种凡俗化，这种感性化，却只是无意的，并不是应当的；因为，应当在死后生存着的，只是哲学家，只是基督徒，而不再是人；死后生存应当是一种抽象的和否定的生存，是这样一种生存，它本身只不过是一切矛盾的不存在，只不过是一切与哲学、与基督教相对立的东西的不存在；只是，正像上面所说过的那样，一切祸患的这种不存在，却被表象成为福乐的存在。但是，正因为只是一种抽象的和否定的生存，所以，它就是最最可疑的，是难以置信的，是显然与现实生存的条件、与人的本性的本质相矛盾的；因为，对人来说，如果没有劳动，就不能设想福乐，如果没有变迁，就不能设想永恒性，如果没有贫困、不足、需要，就不能设想享受，一般地，只要他稍许睁一下眼，把他的视线由属天的梦想的王国转移到现实界中来，那么，他就决不可能再把派生的本质设想成为现实的本质。这样，他就抛弃了宗教上的和哲学上的不死；他用人来代替抽象的哲学家和属天的基督徒。可见，归根结底说来，不死，是现代唯理主义基督教的不死，是信仰上的不信的不死；这种信仰上的不信，在肯定宗教真理——即宗教观念——的同时，总是又加以否定。

唯理主义的或非信仰的不死信仰

　　唯理主义与基督教,在原则上是相同的;但是,只是在理论上是相同的,在实践中,就各不相同了,这也就是说,只是一般说来是相同的,详细说来,就各不相同了;在表象中是相同的,但是,事实上,就真实情况而论,是各不相同的。唯理主义者,与基督徒或正统信仰者一样,也是上帝信仰者;在他看来,无神论是一种可怕的谬误;但是,仔细查看一下,在实践中,他乃是无神论者;在实践中,他无神地对自己解释一切。他的上帝,只是他理论上的局限性的表现;当他因为水平所限而不能解释某一事物时——例如,关于世界的开端,或者,关于有机的或有意识的生命的开端——,他就抬出上帝来了:这就是说,在这样的时候,他就借助一个不可解释的本质来对自己解释不可解释的东西,在某一个不定的、没有根据的、但因此是无穷的、万能的本质中补足或人格化一切特定的、实证的根据的缺陷。但是,这个本质,只是位于世界的极端;一切东西,都十分自然地和世俗地向这个方向行进。上帝是世界之王;不过这只是有名无实。唯理主义者并不否认奇迹、也即不可能的事的可能性,因为,他从来不彻底加以追究,他并不问到底奇迹是什么东西;但是,他却否认这个观念的推论,否认必然性和现实性。他将上帝规定和尊崇为精神,为一个没有一切感性、欲性、肉体性的本质;但是,他却与古代的基督徒们不同,并不让这个精神妨碍他的肉体享受。他并不从这个精神中导引出禁欲的必然性;他并不把这个精神看作是修道院、教堂的建筑师,并不看作是圣经、*Civitas Dei*(《上帝之城》)、*Imitatio Christi*(《效学基督》)①等著作的作者,并不看作是教士、僧侣和女尼的创造者,不! 他只是把这个精神看作是一位具有 Ars amandi(爱的艺术)、卢克莱修的 *De Rerum natura*(《物性论》)、亚庇西的 *De Opsonis et condimentis*(《论小肴和调味品》)之风格的著作家;只是把这个精神看作是自然界、肉体、感性的创造者。纯粹的精神,把我们创造成为多情善感的;它给我们以味觉:谁不要由衷地辨味它创造出来的美食呢? 谁反对肉体的意向,谁就是违逆造物主的意志。上帝是一个精神;但是,他的工作,他的意志,却是肉体。这样,唯理主义——注意,这里不只是指狭义的唯理主义,而是一般地也包括现代非基督教的基督教,现代无神论的有神论——,就用物理学来偷换神学,用自然主义来偷换超自然主义,用伊壁鸠鲁主义来偷换禁欲主义的神圣的精神。他肯定了原则,但是,却否定了唯一使原则具有真实性的那些规定,否定了各种推论;不过,理所当然的,只是否定了一些令人憎厌的、不合意的、否定人的推论,因为,一个原则、一个信仰的令人愉快的、合意的方面和推论,人是称心满意地接受下来的。

至于他的彼世,则情况无异于他的上帝;因为,他的彼世,仅仅

---

① 《上帝之城》是奥古斯丁的著作;《效学基督》是托马斯(Thoma à Kempis,公元1379—1471 年)的著作。——俄文编者注

不过是实现了的、实践的上帝。唯理主义者，与基督徒一样，坚持不渝地信仰着彼世，信仰着不死；在他看来，原则地、公开地、断然地、认真地、男子气地否认彼世和不死，乃是一种可怕的谬误。但是，他不相信在天上有着"永远的教堂落成纪念典礼"，不相信一切属地的无谓争闹和斗争都会在那里结束，不相信在那里会不像在今世生活中那样有落潮和涨潮交替着。不！既然他是这样地不相信，那么，他其实已经否认了天堂，从而，也否认了不死，因为他厌恶天国的永远的风平浪静，因为在他看来，平静之脱离斗争，享受之脱离需要，只是纯粹的幻象而已。唯理主义者，对于不信和信，两面都讨好；在他看来，自然科学家们的集会，同奉着三位一体的神的名字的长老执事集会，有着同样的、甚至更甚的权威，他把显示了人的幻想、局限性和无知的那些宗教信仰上的观念，对向自然科学的物镜。这样，他就把对彼世的不信，放入对彼世的信仰；他把基督教的宗教上的天堂，变成现代天文学的凡俗的、感性的天，把彼世的神圣的安息日变成通常的工作日。在那里，并不成了游手好闲，决不！在那里，我们进入一所新的生活学校；在那里，我们又从头开始，不过，是处在一个更高的阶段；在那里，我们重新做小学生、中学生、大学生，直到我们也得到了那里的至高的学位，以便再一次在还要高的阶段上继续我们的生命进程。我们必须无目的地和无休止地前进再前进。喜爱你们的生命吧！我们的榜样，我们属天的未来的保人，并不是和平君王，而是那口中喊着"前进！"的元帅。这样，为了规避天堂的幻象，唯理主义者就堕入另一种同样荒诞的幻象——这种幻象，取消彼世的真正的、宗教上的意义，而这种意义，仅仅存在于下面这样的表象中，即认为在那里人达到

了他的目的，在那里，人太平无事，没有地上生活中那种无休止的
奋斗——，这就是：永远前进的幻象；他用清一色的永远前进，来代
替清一色的永远静止。他以今世作为彼世的尺度，使彼世适应于
今世；人是一个活动的、与时间同进的本质；这里是如此，那里也是
如此，那里还有那里。他只有按照今世的模样来塑造彼世，才能够
使自己相信彼世；因为，谁能够质疑今世呢？可见，他用今世——
彼世的否定——来偷换彼世，他将他的信仰仅仅建基于一种虽然
并非有意识的自我欺骗。因为与在这里一样，在那里，他又闷坐在
学校中，因为他在彼世之下不过表象了今世，也就是说，因为他否
认了彼世，所以，他才信仰彼世。宗教信仰者之所以信仰彼世，是
因为根据他的表象，它是一种与今生不同的另一种生命；但是，唯
理主义者、理性信仰者、非信仰的信者之所以信仰彼世，是因为它
并不是另一种生命，这也就是说，他只信仰今世生命的真实性——
当然，只是事实上是如此，并不是合法地应当如此。对于基督徒或
宗教信仰者来说，另一种生命是生命的最高级，是至高的、属神的、
完全了的生命；然而，对于唯理主义者来说，未来生命却只是一个
比较级；他在那里比在这里更为完善，但是，只不过是更完善一些
而已。唯理主义者不能够把人的生存同福乐、完善、神德的观念联
系起来，正像他很难把神人（Gottmensch）中的神性同人性联系起
来一样；因此，为了生存，他就宁可牺牲掉属天的福乐；他一心一意
要生存下去，他宁可不福不乐地存在着，而不愿完全不存在——因
为，关于完全不存在的表象，是一个非基督教的、无神的、无神论的
表象——，因此，他就设想一种勤劳的、活动的、奋斗的，不断前进
的生活。但是，不断前进着的生活，却正是不福不乐的生活；至少，

是喜悦、欢乐、获利同失利、烦恼、悔恨、悲痛相互交替着的生活——因为，随着每一次前进，虽然我因了我新的得利而高兴，但同时，我也因了我此前的糊涂和愚笨而烦恼——，从而，也就成了与今生一般无二。为了掩饰自己对永恒生存的企求，唯理主义者提出关于近神、似神的宗教观念，也就是说，提出与上帝合而为一的目的。他并不是出于自爱而信仰他的不死，不！他只是为了顺从和尊崇上帝，也即为了顺从和尊崇精神或道德，才信仰他自己在死后继续生存。他之所以具有这样的信仰，只是因为如果不生存，他就不能成为更好、更完善、更似神。可是，他把"完善"这一个目的，一直推移到无穷远；无论如何，他总是同在这里一样地是非完善的本质：他总是离开他的目的很远很远，因为，只有这样，才保证他在彼世继续生存。完善化，其实不外是连续不断的精炼和灵化，不外是连续不断的、逐渐上升的抽象和否定；在彼世，唯理主义者脱却了肉体的欲望和意向——正像我们所知道的，他确是理论上的禁欲者和厌欲者——，在彼世，他不再吃喝和婚娶了；他抛弃了他的属地的身体，但似乎——实则他什么也不知道——因此他就获得了一个更为精致的身体，只是，还不是最精致的。简言之，完善化乃是一种继续不断的升华、蒸发、灵化。唯理主义者之范型，是一个没有血肉、没有感性的本质，是一个纯粹的精神，也就是说，是一个纯粹的抽象物，纯粹的理性本质。可见，他的真正的目的乃是"无"，因为，"无"是最最非物质的了；一个成了"无"的人，不再有欲望、意向、意气、缺陷和错误。可是，唯理主义者将这个目的推移至不可到达之处。虽然他时时刻刻想成为"无"——这是他的幻想的完善化意向和自我神化意向命令他如此的——，但是，他却总是不能成为"无"，因为，他的现实主义的生活意向命令他，为了生存下去，就永远得仍旧是某种东西，永远得是非完善的。所以，唯理主义的彼世不是别的，不过是被延至一远再远的虚幻的远方的"无"化。东方幻想家把自己的生活目的直接置放于神化或"无"化；西方幻想家也有着同样的目的，也站在同样幻想的基础上面——宗教就其起源和本质而言，乃是东方主义——，但是，他却没有东方人那种烈火般的热情和幻想；反之，他是自私的、冷淡的、散文式的、有外交手段的、灵巧的，简言之，他是唯理主义者；因此，他决不实现这种精神上的"无"化；他决不使它成为实践的真理。但是，正因为如此，唯理主义者认为足以成为彼世的必然性的理由的完善化这个目的，就只是他的自爱的一个借口；因为，只有虚假的目的，才是永远达不到的。"目的"这一个概念，就意味着最终总是会达到的。如果我在彼世本身中又是非完善的，那么，又何必要有彼世呢？彼世的意义，正只在于它是今世"非完善的"生命的否定、反面。死的代价，必然是完善、福乐、神性。像死——或者，宁可说，死去——这样一种惨酷的否定，理应得到最优厚的和最后的报酬。其实，死自在自为地已经是一切属地的、非完善的、感性的东西的摆脱；人在病床上咽气死去的同时，也就把一切虚浮、嗜好、罪恶和贪欲尽都摈弃。所以，死是绝对完善的条件，是一切前进的条件的终端。只有绝对的肯定，才适合于这种绝对的否定。一个人，既然由于死而得到了"败坏性的和破坏性的"哲学的学士学位，那么，他就完全没有兴趣再重新从头学习一种新的生活了。与死去的一幕的悲剧相协调的，只有永恒的喜乐或永恒的终端，只有上帝式的存在或不存在，但是，唯理主义的彼世的喜剧——这是"某

物"与"无"、福乐与不福乐、完善的存在与非完善的存在之间的可
怜的中介物——，却并不与它相协调。所以，亲爱的唯理主义者，
我由衷地感谢你赠送给我那个虚荣的不死。我希望带着古老的信
仰存在于上帝——上帝不过是被表象为本质的死或"无"，不过是
一切进步的结束——那里，不然的话，我就宁可不再存在。只要还
在进步着，就势必有退步和误步；但是，在阳间的斗争中——此外，
现在这样一来，在阴间的斗争中就也是如此——，我已经充分体会
到了误步。让我静息吧！"盲目的"异教徒是聪明的，他们在墓前
追悼死人时呼唤"憩息吧，你的骨骸！"（Molliter ossa cubent）或
"静息吧！"（Placide quiescas）。反之，基督徒们，或者是作为唯理
主义者，在垂死者耳旁狂呼滑稽的"永远存活，永远繁荣！"（Vivas
et crescas in infinitum），或者，作为假虔诚的灵魂医师，例如，艾森
巴特博士，心里实在是畏惧死，但是，却牛羊般地大呼"上帝可畏！"
企图以此作为他们属天的福乐的抵押品。哦，基督教啊！你形式
上是理性，但实质上却是疯癫，你形式上甜言蜜语，百般奉承，但实
质上却是对人类的最可怕的嘲笑！

————

　　唯理主义之论证彼世的必然性，主要是基于下列前提，即认为
人在地上没有达到自己的目的。例如，现代最具威望的唯理主义
者之一说道，"无可争辩的，任一生物的目的，表现于其力量和能
力。任一活物，能够成为什么，便就应当成为，并且，事实上，也的
确成为了。植物与动物，以及与它们相平等的人体，只具有这样的
能力，即那在地上今世生命中所能够展开来的、并且实实在在展开
来了的。……可是，精神的力量和能力，就大不相同了。它们所

能够展开的程度,实在是太大了,以致人的寿命总是不够来完成
这种展开,以致每一个人,即使是最有教养的人,在年老寿终时
都必须承认,他还只处于他的修养的开端,他还能够无止境地前
进,只要他的精神有着更长久的有限存在,有可能进入更完善的
状态的话。……认识力,也像被认识的素材一样,表现为无限制
的。但是,生命太以短促了,肉体这个桎梏,太以约束人了,……以
致认识力未能得到完全的展开。……我们确实有力量,不仅掌握
一门科学,而且,也掌握所有的科学,只要生命不是太短促,只要我
们可以不必牺牲生命的四分之一于睡觉,可以不必牺牲另外四分
之二于生活必需品的获得以及为了维持地上的景况而作的劳动。
属地的生命之展开人的主动力,也是很欠缺的,也决没有能够加以
充分利用。其中特别是那理应将完善的法则提升为占统治地位的
生活法则的道德教育,还是很欠缺的。对道德教育起阻碍作用的
各种关系——需要、习惯、情欲、对肉体的斗争——,只有在死后才
行消失。因此,任何人都不能够像他所应当的、在更有利的条件下
所能够的那样完善。最后,关于我们审美的能力,我们也必须不要
低估了。它之为生命所造就,也只是非常欠缺的。通常说来,人们
只能够从事一种艺术,只有很少的人才能够从事多种的艺术,至于
能够掌握一切艺术的人,则是没有的。这样,唯有人这个属地的本
质,才具有那没有为生命所展开的力量和能力,以致显然准备还要
继续生存下去,并且需要有第二个世界。动物和植物,虽然在它们
展开的过程中也常常由于夭折而中断了自己的造就,然而,只要没
有暴力从中阻挠,它们终究还是能够完全展开的。反之,人的个体
就不同了——这正是主要的!——,没有一个人能够完全展开他

的力量和能力，即使是最长寿的人，也不能够达到完全的展开。"然
而，这一个前提，即认为人总是不能在地上完成他的规定——不管
是处在地上最幸运的环境中，不管是最最长寿——，其根据仅仅在
于一开始便给"人"以一个超自然的、幻想的规定。这一点，立刻就
要加以说明。

完全与动植物一样，人也是一个自然本质。除了那故意不理
睬或为了自己的信仰起见而牺牲掉最明显的真理的基督教幻想家
以外，谁能够否认这一点呢？ 谁能够说，人与动物界、植物界丝毫
无关呢？ 谁能够把人类的文化史同动植物的文化史割裂开来呢？
谁不知道，动植物随同人（反之也然）一起改变和完善化呢？ 在约
略察看各民族的神话学和宗教时，谁会在上帝和人的社会中看不
到动植物呢？ 埃及人没有神牛（Apis），贝督因人（Beduin）没有骆
驼或马（贝督因人对于它们的家谱，较比对于他们自己的家谱还要
感到兴趣），拉伯兰人没有驯鹿，堪察加人没有狗，秘鲁人没有美洲
驼，——这一切，难道是可以设想的吗？ 谁能够从天生最深地爱好
花卉、似乎自己只成了具有人形的一朵花的印度人那里取掉他那
美丽得使他五体投地的莲花呢？ 一般地，对于一个植物学家、花卉
爱好者、植物爱好者，只要他脑袋上还生着眼睛，只要他身体里还
有着灵魂，那么，谁能够从他那里取掉他的花卉和植物呢？ 那末，
人通过自己对于动物和植物所具有的这种宗教上的爱和尊崇（在
古代没有教养的民众那里，这种爱和尊崇，是与他们的思维方式、
感情方式和表达方式相一致的），事实上——当然，只有事实上的
才是作真的，至于空话则是靠不住的——又说明了什么呢？ 人由
此说明：他与自然界发生关系的，不仅是身体，而且，还有精神、灵

魂、心，因此，把人与大地割裂开来，把人移放到天上，或者，一般地，移放到另一个未知的、幻想的世界中去，乃不过是全能的上帝的一个奇迹。这里所谓全能的上帝，其实就是指那全能的、不可领会的、超自然的、基督教的利己主义。

所以，作为自然本质，人就不应当有一个特殊的、超乎地的、超乎人的规定，正像动物不应当有超乎动物的规定，植物不应当有超乎植物的规定一样。任何一个本质，都只是被规定为它所是的：动物被规定为动物，植物被规定为植物，人被规定为人。任何一个本质，其生存目的，都直接地存在于它的生存之中；任何一个本质，只要达到了生存，就算是达到了它的规定。生存、存在，就是完善，就是完成了的规定。生命，就是自我行动着的存在。所以，植物性的本质，当它作为它所是的、即作为植物性的本质而行动着的时候，就算是达到了它的规定；有知觉的本质①和有意识的本质，情形也是如此。你从婴孩的眼睛中看到些什么呢？是喜悦；因为，他已经解决了人——至少在这一个阶段上——所能够、从而应当（因为，"应当"总是依赖于"能够"）解决的课题；因为，他是完善的，他生存着，也就是说，作为一个吃奶的、有味觉的、有视觉的、对于自己本身以及别的东西有触觉的本质而生存着。孩童又是为了什么呢？难道他的规定超越他的童年吗？不！因为，如果这样，那他又如何成其为孩童呢？本性，在自己每进一步时，都是完备的、达到目的的、完善了的，因为，在任一时刻，它都是像它所能够是的、从而所

---

① Das empfindende Wesen，是指狭义的动物界，以排斥有意识的本质——人。——译者

应当是的和希望是的那样。孩童并不是为了成年人而活着——多少的孩童，在还是孩童时便死去了！——，他是为了自己而存活着；因此，他在自己里面就得到满足，感到福乐。青年人的规定是什么呢？这就在于他是青年人，他喜爱他的青年时代，并不妄想超越青年①。成年人的规定，又是什么呢？这就在于，他是个成年人，作为成年人而行动着，使出成年人的力量。凡是生活着的，就应当生活下去，就应当喜爱自己的生命。对生命的喜悦，就是生命力的无阻碍的表现。人就是人，而不是植物或动物，这也就是说，既不是骆驼，也不是驴子，又不是老虎，等等；可见，人并没有什么别的规定，不过在于使自己表现为自己所是的本质。他存在着，他活着，作为人而活着。用人的言语来讲，自然界并没有什么别的意图，不过在于想活下去。人并不是自然界的目的——只有照人自己讲来，他才是它的目的——，他是它的生命力的最高表现，正像果实并不是植物的目的，而是植物的顶点、至高的生活意向一样。生殖、繁殖的原由，并不是目的论的哲理，并不是经济学上的目的性，而是冲动、过满、精液充溢、表现生命力的热望。所以，自然界在自己的生产方面，是无限制的。在授精期间树林里所喷出的像细雨阴云般的花粉，为了什么呢？植物和动物所生产出来的无数个只能生成很少的植物和动物的卵形物，又是为了什么呢？愚蠢的问题！在这里，你就目睹了自然界的丰富的、饱满的、无目的的、

---

① 正像一般说来，基督教总是通过应许给人以一个未来生命而剥夺了他目今的生命一样，在今天，我们的基督教教育学对于可怜的孩童和青年们，出于对他们的未来怀有慈爱的关心，也是分别剥夺了他们童年时代的幸福和青年时代的幸福。——著者

无限制的生命意向。蜜蛾为了什么而生存着呢？蚜虫、蚤又是为了什么而生存着呢？是不是像目的论者所说的那样，是为了使二者都不能过分地蔓延呢？不！这是因果颠倒；只有生命欲，才促使蚜虫、蚤存在于世上。你固然受到了损伤，但因此却使蚤饱餐了一顿；无论何处，只要有东西可供享受，就会产生对于享受的刺激、冲动；无论何处，只要有可享用性存在，则就必然有享用者来。所以，一个是另一个的条件；一个创生了另一个；一个限制了另一个，以便使自己有权势和地位，——这就是自然界和谐的原因。因此，生命的起源，也就是说，感性的、个体的生命的起源，只有在下列情况下才是不可理解的，即如果人们把生命从制约生命的自然界中割离出来，使它孤立起来，并且，设想在生命产生之先生活条件便已预先完备地存在着。但是，只要把二者联系起来思考，就可以知道，地、水、空气、温度的形成和动植物的形成，是同一种行为；这样，水的产生与水生动物的产生同样地不可思议，或者，反之，生命的产生与生活条件的产生同样地没有什么神奇，而对生活条件的产生之解释，十八世纪那些已经进行思考的有神论者们，便觉得不必要再假设有一个 Deus ex machina① 了。当然，生命并不是什么化学过程的产物，决不是什么个别自然力和个别现象的产物，像形而上学的唯物主义者所认为的那样；生命是整个自然界的结果②。

---

①　Deus ex machina（从升降机中出来的上帝），一件事由于意想不到的情况的干预而得到的收场；在古代的悲剧中，往往是由上帝显出奇能而作为收场，扮演上帝的演员，依靠滑轮降落舞台。——俄文编者注

②　对这一句话的批判，可参看恩格斯：《自然辩证法》，人民出版社 1956 年版，第163—164 页。——译者

　　你要问，人为了什么而生存着呢？那么，我先要问你：黑人、俄斯提亚人、爱斯基摩人、堪察加人、火地岛人、印第安人，为了什么而生存着呢？印第安人，当他正是印第安人时，难道还没有达到他的规定吗？如果他不是作为印第安人而达到他的规定，那么，他又如何成其为印第安人呢？同样的，如果说，正像爱好幻想的基督徒所主张的那样，人在其童年时代，从而，一般地，在其青年时代——因为，在青年时代，我们最少在天父的葡萄园里工作——，由于睡眠、吃喝而被妨碍去达到他的规定的话，那么，他又如何成其为一个童年的、青年的、睡眠的、吃喝的本质呢？他为什么要成为这样一个本质呢？他为什么不生来就是十全十美的基督徒、唯理主义者，或者，还要好一些，一个天使呢？他为什么不言归正传，留在彼世呢？怎会有这种属地的离题呢？为什么他失足为人呢？既然说只有在彼世生活才会有意义，那么，为什么正是由于彼世而使生活变得毫无意义、毫无目的呢？难道没有彼世，你们就没法理解生命了吗？何等地愚蠢！其实，正是由于假定了一个彼世，才使生命成为不可理解的。基督徒引用来作为证明彼世的论据的那些生活机能，难道不正是反驳彼世的最可靠的论据吗？难道这些生活机能不是最明显地证明了，与它们相矛盾的规定，正是因为与他们相矛盾，就不是人的规定吗？如果从人需睡眠这一点得出结论说，有一天，人必然会成为一个不再睡眠、永远睁大了眼睛、永远醒着的本质，那是多么地愚蠢啊！人需睡眠这一个事实，正是显然地证明了，睡眠属于人的本质，从而，只有在人与睡眠相结合时——当然，并不是在睡眠时——所达到的规定，才是他的现实的、真正的规定。睡眠、吃喝（至于属神的、奥林匹克的爱情需要，在理想要做没有性别的天使的基督教神学家面前，为爱惜起见，我宁可缄默）这些至今还至少在理论上仍旧为僧侣精神所鼓舞的基督徒们想使我们减少的生活机能，难道就不是像童年时代、青年时代诸阶段，不是像自然界中一切东西那样对于相应的时间来说是自我目的，是现实的享受和善行吗？我们不是仍旧充分地获得了至高的精神享受，不是仍旧有充分时间和力量来进行各项精神活动吗？基督徒能够无休止地祈祷吗？无休止地祈祷，不就是等于不祈祷吗？无休止地思考，不就是等于不思考吗？在这里，适当地短一些，难道不也是根基吗？随便什么东西，为了对它能重新引起新奇感，为了能重新引起好感，我们不是也必须与它离开一下子吗？况且，由于睡眠，由于吃喝，我们到底损失了些什么呢？是时间；虽然我们在时间方面确实有所损失，但是，在力量这一方面，我们却得到了补偿。

　　这样着重以后，我们重新来回顾我们的活动。眼睛在晚上休息了以后，早晨看起东西来就更加来得明亮。这样，每一天，都是人的重生节和复活节。那么，人难道还应当用超自然的、假装的厌恶和憎恨——这是真正的基督教的必然后果——来对待睡眠、吃喝吗？不，人应当愉快地睡眠，愉快地吃，愉快地喝；但是，他也应当愉快地醒，愉快地思考问题，愉快地劳动。在娱乐时，他不应当因为想到劳动而对当然是暂时的娱乐感到扫兴，但是，在劳动时，他也不应当想到娱乐，而是应当在劳动中、在活动中寻找乐趣；一般说来，他应当做一切属于人应该做的事，应当做一切正是与他此时此刻的本性相符合的事；也就是说，他应当愉快有兴地去做一切事，在做的时候，他应当意识到他由此将完成他的规定。他不应相

信上帝的无处不在，而是应当相信人的无处不在，应当相信，人不
仅存在于教堂之中——教堂决不是他的家，在教堂里，至今还发生
有为了上帝而牺牲人，为了宗教上的奢望而牺牲人的现实需要之
类的事①——，不仅存在于书斋中或办公室中，而且，也存在于卧
室、餐室和童室之中，总而言之，应当相信，人存在于他所站着和行
走着的一切地方和角落；他所应当加以确证的，并不是上帝的统一
性，而是人的统一性，他应当抛弃掉基督教的那种十足有害的、十
足谬误的、十足幻想的精神肉体二元论，应当抛弃掉将人分成为两
个本质上不同的部分的那种分割。根据这种分割，其中一部分是
属天的，而另一部分是属地的，其中一部分是属于人自己的，而另
一部分却不知道属于哪一个；其中一部分是上帝之大作，而另一部
分，却是一部不知作者是谁——至少，聪明的基督徒找不出适当的
名称来称呼这位作者，但是，在德文里，却可以称之为 der Teufel
（魔鬼）——的伪经。基督教不是别的，不过是一种有外交手腕的
摩尼教，不过是一种通过泰西精神加以调度、加以改头换面、加以
制约过的摩尼教或拜火教。可见，人应当抛弃掉基督教，只有这
样，他才完成和达到了他的规定，只有这样，他才成了人；因为，基
督徒不是人，而是"一半是动物，一半是天使"。只有当人完完全全
是个人，并且，也明白自己是个人，只有当他不再希望是超过他现

---

　　① 此外，宗教上的需要也是以十分现实的属人的需要作为基础的，至少，在神学
家方面是如此：他们有使自己成为显赫要人的需要；因为，只要人类除了对属人的教
育、属人的艺术和科学、属人的道德和爱的需要以外还有着与此不同的、特殊的宗教上
的需要，那么，人们中间就必然有这样一个特殊阶层，他们的任务，正是只不过在于培
养这种虚伪的、过奢的需要。——著者

在所是的、能够是的和应当是的,只有当他不再追求一个与他的本性、他的规定相矛盾的,从而自在地不可达到的、幻想的目的,也就是说,不再追求那种想成为一个上帝,一个抽象的、幻想的本质,一个没有形体、没有血肉、没有情欲和需要的本质的目的:只有这样,他才是完全了的,才是一个完善的人,才会毫无漏洞让彼世能潜入作巢。而且,死本身,也属于人的这种完全化;因为,它也属于人的规定,也就是说,它也属于人的本性。因此,死人之被称为完全者,实在是当之无愧。属人地死去,意识到你在死里面完成了你最后的属人的规定地死去,也就是说,与死和睦相处地死去,——让这成为你最终的愿望,最终的目的吧。这样,在死里面,你也战胜了基督教的不死的痴心梦想;这样,你所达到的,就无穷地多于你希望在彼世达到的。况且,在彼世,你毕竟永远也达不到什么。

————

只有作为道德的本质,也就是说,作为社会的、公民的、政治的本质,人才具有这样一个特殊的规定,即那第一次使人陷于与自身分裂,陷于对自己是否能够达到这个规定产生疑惑的规定。但是,这个规定不是别的,不过是人在正常的和幸运的状况下在他的本性、他的天资和意向的基础上所加给自己的。谁不把自己规定为某物,谁也就被规定为"无"。时常可以听到这样的话:我们不知道,人被规定为什么。说这样话的人,不过是将他自己的不定性加在别人头上。不知道自己被规定为什么的人,也就没有什么特殊的规定。

但是,即使在人的有可能错认的规定这一方面,在唯理主义基督教关于人的表象中,立刻又出现了二元论的幻想学。这就在于它认为，人只是自为地在不死问题中体现了求知欲、美学上的和道德上的意向，似乎只有有教养的先生们、道学家们和美学家们或艺术家们，才有着对于属天的彼世的要求，而农民、手工业者、工业家们就没有这种要求，似乎人所具有的改进手艺、日益有目的地经营农业、使工厂日趋繁荣诸意向，并不是本质重要的和值得敬重的意向。何等多的手工业者，为了改善他们自己的手艺而绞尽脑汁，而且，直到临死还因为没有能够满足自己的完善化意向而深感忧伤！何等多的青年人，就是因为对某一种手艺有兴趣，然而——很可惜的！只有以后才得以表明——，却缺乏技术上的熟练，于是，在道德和身体两方面，都由此而没落！这些穷人，丝毫也体会不到自己有成为学者、艺术家或道学先生的企求；他们至高的理想，至高的愿望，就是手工业者。然而，这个愿望，在他们死的时候，却还没有得到完全的满足。那么，这个愿望难道就不应当在彼世得到完全的满足了吗？还有许许多多的人，他们在选择职业的时候并没有犯错误，例如，在今世，终身做个裁缝伙计；那么，他们唯一所热衷的，唯一力争的，当然就是要当个裁缝师傅。难道这个愿望是不道德的、非精神的、非人的吗？那么，为什么他们不应当在彼世成为他们在这里所希望成为的、但终究还没有成为的呢？或者，难道裁缝这个手艺只是以地上生活中的穷困为基础的吗？只是为了面包，才去干这一行的吗？当然不。许多许多的人，都是出于兴趣所致，才干这一行的。许多许多的人，都把他们的手艺当作艺术。难道裁缝不是具有真正的审美感吗？难道衣服不是同样也要在艺术的论坛前受裁判吗？一套完全不美的服装，难道不是能够完全消除一件艺术品的效果吗？一般说来，艺术与手艺之间，有什么鸿沟呢？难道不是只有当手工业者、陶器匠、玻璃匠、泥水匠成了艺术家时，真正的艺术才得以表现出来吗？艺术不是与最平常的生活需要有着联系的吗？除了使平常的、必需的东西高贵化以外，艺术还有什么干的呢？不需要房子，就不会建造起漂亮的房子；不再喝酒，不珍视酒，就不会用漂亮的高脚杯来盛放它，以示敬重；不哀悼死人，就不会建造纪念碑和灵庙来荣耀他们；不再有流血之事，就不会再唱《伊利亚特》。你那娇生惯养的、由于基督教天堂的哈里路亚而变聋了的耳朵，如果不再感到伐木者的斧头和细木工师傅的锯子刺耳，那么，也就不会欣赏七弦琴和笛子的音调。如果你从艺术那里夺去了它的金子的基地——手艺——，那么，你还给艺术留下些什么呢？如果艺术没有了对象，那么，审美感的素材、支柱何在呢？审美感应当怎样来表现呢？可见，如果说艺术家具有对属天的彼世的要求，那么，手工业者便也具有，那么，一般地，人从头到脚都具有这种要求；因为，艺术的至高的对象，便是人，也就是说，整个的人，从头顶到脚跟。希腊人有一个他们所崇拜的维纳斯，——这是业已成就了的、完全了的审美感的必然后果。那么，难道这位维纳斯也没有对天堂的要求吗？多么奇怪！古代基督徒们用他们的宗教热心摧毁了古代最华丽的艺术品，完完全全地抛弃了艺术，至少是独立的、没有堕落为宗教的工具的艺术；因为，他们眼前就有经验，知道艺术是宣扬尘世享乐的，是感性的，是无神的；他们知道，凡是爱看画中美女的人，也一定爱看活的美女。但是，现代唯理主义基督徒们，却甚至将对属天的彼世的那种属灵的希望，建筑在属肉体的艺术感、维纳斯上面！

不管这里无数人从来不能够——至少，依靠不丧失人格的方式不能够——饱餐疗饥,从而,更谈不上发展和满足他们的这种艺术感,却把艺术满足当作证明彼世的必然性的论据,那是怎样的无聊,怎样的愚蠢呢?难道不是在满足他的艺术感之先,有必要先满足他的饥饿吗?在腹中饥饿或充塞着人胃所不容的食物时,怎能再理会到美学上的和道德上的感情呢?人的食物,难道不是人的思想观点和修养的首要条件吗?为了那些在今世仅仅依靠美学上的和物理学上的饕餮家们的残羹剩汁度日的饥民,难道我们不应该要求一个使他们能饱餐,使他们最终也能有更高的享受,也能尝到炙肉的彼世吗?在彼世,唯理主义者也是适度的、谨慎的前进——决不会达到目的的前进——的一个朋友;他否认任何随着人死了以后应当发生的暴力的中断;他只是循序渐进地把人由一个阶段提高到另一个阶段。所以,地上无数的贫民和饥民,只有在彼世,才第一次享受到是人应该吃的食物,而另一些在地上已经饕餮终日,从而毫无胃口再到天上去大吃大喝的人,则就在彼世的音乐会、歌剧、芭蕾舞剧和绘画展览室中满足他们的艺术感。这是最最自然而然的、合乎情理的、必然的了!另外,还有一个说明人间悲惨的例子:何其多的妇女,在地上无辜地错会了她们的规定!妇女的规定,显然就是要当贤妻良母。只有在这个领域内,妇女才得以展开她的天资。永远保持童贞,不仅于身体有害,而且,于道德和精神也有害。只有特别幸运的天资或条件——这乃是偏离常态之例外——,才使妇女不致因为永远保持童贞这种反自然的状态而遭受到有害的后果。那么,为什么你们不要求一个使妇女的最深的意向——然而,无数的妇女却不能得到满足,至少,依靠与妇女的本质相适合的方式不能得到满足——得到满足的彼世呢?只想到如何去填补人的被幻想的缺陷,却毫不理睬人类生活中现实的缺陷,那是多么地可笑啊! 为了人的缘故而创造出一个彼世的生存,但是,却想也没有想到要帮助人就在这里生存下去,那是多么地可笑啊;因为,人,只有当他有着一个属人的生存,完成他的属人的规定时,他才是生存着的。这样,现代如此世俗的基督徒们,在他们论证彼世的时候,就也给我们指明了基督教的世界之所以贫困的理由。他们并不想到属地的规定,并不想到人在这里应当和能够达到的、然而并没有真正达到的规定,反之,他们只是想到下面这样的规定:人之所以没有达到它,只是因为他不能够和不应当达到它,以便给自己保证彼世生存的必然性。这样,他们就为了被幻想的规定而牺牲现实的规定,为了幻想的、所谓宗教上的需要而牺牲人的现实的需要!

唯理主义的基督徒并不因为——正像我们已经看到的那样——无数人在这里没有达到人的生存而感到局促不安;因为,不然的话,这种局促不安或许就会促使他要求一个属地的彼世,要求国家、人们多多关心使每一个人都能够获得他作为人应当获得的。不! 超自然的欲念像一阵旋风一样地使他飞越了大地,一般地,飞越了生命;他主张,即使是那些在这里已经饱享了艺术与科学的财宝的特权者、幸运者们,在这里,也还决没有得到完全的满足。他呼喊说:哪一个艺术家能够网罗一切种类的艺术,哪一个学者能够网罗一切学问;而且,即使曾经有一个人这样做到了,那么,还是有多么多的东西,虽然人想要知道,但是,却没有知道啊! 这里,唯理主义者硬说人的意向具有无限性和广泛性。不过,虽然意向之具有这种性质,乃是最最罕见的例外,然而,如果真的这样,那么,即

使在这里,也还是能够得到满足的;因为,广泛的意向并不有兴趣
于个别的和特殊的东西,这样,它就用与它相适应的广泛的方式来
满足自己。通常说来,人能够从事的——至少,生产地、积极地能
够从事的——,只是一门艺术,至多,也不过再有一些相关连的艺
术而已。即使有一个人,同时掌握好几门艺术甚或一切艺术,即使
他像米开朗基罗那样又是诗人,又是画家,又是雕刻家,又是建筑
家,那么,他主要地到底还是只精通一门艺术或一属艺术。人只要
能精通某一门艺术,能满足某一种艺术感,那么,他就完全感到幸
运和知足了。虽然他不能通过自己的创作来满足自己其余的艺术
感,但是,他却能够通过别人的创作来得到满足。既然有别人演奏
音乐给我听,供我享受,那么,我自己难道还一定得亲自奏乐自娱
吗?我们之所以说人们过着集体的生活,也因为他们在这样的精
神往来中互相补充;一个人所办不到的事,就由别人来替他办。这
样,我们自个儿并不企求知道得很多,因为我们知道,别人已经知
道这些了。决不是由于满足某一种意向,由于造就某一种天资而
使这个悲惨世界中的另外的天资被挤退,从而,这另外的天资,为
了达到自由和展开,就需要一个更好的未来世界。一个有诗感的
绘画家,将在绘画内部得到满足和加以运用;一个有艺术感的手工
业者,也将在手艺内部表现出来。凡是一切不完全是孤独的、机械
的活动,都要求着整个的人,都要求着全部的力量,而正因为这样,
也就提供给人全面的满足。一切艺术都是诗,但是,在一定意义上
同样也可以说,一切艺术是音乐、雕塑术、绘画术。诗人也是画家,
虽然并不是用手,而是用头脑;音乐家也是雕塑家,只不过他使他
的形象沉浸于空气之流动着的元素中,然后,这个形象的印象,再

经过听者的各种相应的运动，就可以有形有体地显示出来了；绘画家也是音乐家，因为，他不仅描绘出可见对象物给他的眼睛所造成的印象，而且，也描绘出给他的耳朵所造成的印象；我们不仅观赏其景色，而且，也听到牧人在吹奏，听到泉水在流，听到树叶在颤动。人由于造就自己的才干适于这种或那种艺术，虽然由此而损失了对另一种艺术的技术上的熟练性，损失了纯粹关于操作技术的机械的方面，但是，并没有由此而损失了天资；只是损失了某一种才干之外部的器官，但是，并没有损失了神经，或者说，只是损失了外围的神经末梢，但是，却并没有损失了中枢的神经末梢。这是同样的情形；在讨论感官时，一些迷信的心理学家由感官的部分的缺陷归结出它们纯粹的不存在，从而，归结出人之不依赖于感官，归结出一个无感觉的灵魂的生存，但是，却丝毫也没有考虑到，人是尽可能地设法通过别的感官来弥补一个或数个有欠缺的感官的缺陷。人正是通过下列事实来证明有缺陷的感官的必要性或必然性，这就是：即使他欠缺例如看的器官，欠缺看的技巧，但是，他却至少似乎还是具有看的天资、才干；即使并不具备看的外部条件，但是，视神经源却还是生存着，也就是说，即使像所说的那样，感官没有可见的、外表的、通俗的生存，但是，却还是在脑中有着中央的、隐秘的、被包在里面的生存。正是因为这样，人才有看的意向，从而，尽可能地设法通过其他的感官来满足这个意向[①]。在艺术方面，情形也是如此；不过，有着下面这样一个很大的区别，即某一

　　[①]　至于天生的瞎子和聋子，则通常说来，他们外部的视觉器官和听觉器官是异乎常态的。不过，即使神经也是异乎常态，缺点却并不会延及神经源。——著者

种艺术感的缺陷，始终是一个实在的、可悲的缺陷，是一个缺陷，而
人在造就和满足某一种艺术感时，就也得到了完全的满足，也就是
说，不会由于感到没有能满足别的艺术感而怅怅不快；因为，他怎
样程度地具有和愿望满足别的艺术感，他也就怎样程度地已经在
他的那门他使其余各门服从于其下的艺术的内部或近傍，找到了
满足。可是，至少对于那些在某一方面特别杰出的人来说，总是有
一个倾向，有一个意向，是占统治地位的，而其余的，则作为附属的
才干而服从于或适合于这一个意向的天才。这样，每一个意向（当
然只是在正常的生活状况之中，因为，这里只考虑这个），都得到了
满足，不过，只是按照它所应当得到的和要求得到的那样程度地得
到满足。米开朗基罗写过诗；除了他的别的艺术感以外，他也满足
了自己的诗感。不过，他只是把他自己的诗艺看作是次要的，只是
当作副业来从事，因为他的主要意向并不在于严格的韵诗，这只是
他的次要的意向。正像他自己所说，他的绘画术是他的妻子，他的
作品是他的子女一样，他也不是在钢笔中，而是在他的雕刻刀和凿
子中有他的韵诗。每一个实在的、不仅仅是被幻想的意向——即
使在这一方面，人们也有多少的幻想啊！——，都在今生已经有了
自容之地；但是，一个意向只在于成为一根草茎，而另一个意向却
在于成为一棵棕榈；所以，前者知足于、且十二分地知足于像小房
间那样窄小的业余时间，而后者却需要像艺术室那样宽裕的工作
时间。每一个意向都得到满足，但是，这意向的强度和深度，却正
是它的满足的程度。所以，如果有一个基督教唯理主义者要想使
某一个米开朗基罗基于他在这里没有能够得到完全发挥的诗才而
产生对一个诗意的彼世的期望，那么，这个米开朗基罗一定会满不

在乎地把他的诗歌抛到这位基督教唯理主义者的头上来，以便使他明白，如果你不能基于我的艺术品而应许我以不死的话，那么，你就应当使我摆脱掉不死。这位米开朗基罗或许要这样对那位基督教唯理主义者说：我之企求不死，是基于我千辛万苦地在抵抗了我的嫉妒者和敌人之后所取得的成就，并不是基于我或许能够取得的成就。在诗这方面，但丁已经有了最高的成就；他已经打消了我企望诗的不死的念头；但是，在绘画方面，却还没有但丁；这得轮着我了。但是，我现在所是的，我也希望仍旧是，且尽献我的本质于此，使这成为我的不死的唯一保证。爱好幻想的基督徒啊！关于你自己的彼世，也请记住这一点。

————

在求知欲方面，情形也同艺术感方面一样。当然，有许多人是没有求知欲的——虽然他们实际上并不缺少激起求知欲的机会和手段——，他们甚至把这个意向的满足看成是纯粹的徒劳，认为为了那些像星星、苔藓、纤毛虫等离开人很远很远的对象物而操心，是再愚蠢不过的了。然而，虽然如此，如果不去考虑有什么不幸之事发生的话——因为，彼世的必然性，当然也不应当扬弃最正常的、最幸运的人生——，这个意向还是能够得到完全的发展的。而且，这个意向越是现实和广泛，它在这里就越是寻得滋养和满足。然而，一般说来，人只对某一个特定的知识领域具有占优势的倾向。这个特定的求知欲，往往吮吸了人的整个的求知欲，以致人只是把他自己的知识的对象物看成是唯一值得研求的，——这样，就产生了通常的专家所具有的可笑的浮夸、傲慢和浅识。语言学家把他的词典，史学家把他的编年史，神学家把他的圣经，法学

家——至少，罗马法专家——把他的 Corpus Juris①，看作是全部
值得通晓的东西的体现。神学家——至少是真正的、尚未败坏的
神学家——不明白，人们怎会不去钻研圣经，而去研究亚里士多德
或其他某一个世俗的著作家；法学家不明白，人们怎会不去倾听关
于法权的奇谈，而去倾听自然界的蟋蟀②；文学史家不明白，人们
怎会对于一个还没有由一个朝气蓬勃的、感性的本质变成死的历
史学问的对象的诗人或思想家，能够找到一些最微薄的兴味。他
书中的最后一点，对他来说，也就是人类理智的结束点。这样，人
的求知欲和求真欲，并没有扩张得超过他的利己主义。每个人，都
只是有兴趣于与他的水平相适应的东西。每一个人，都不企求知
道得比他一般地所是的和企求是的更多；他只企求得到与他相适
应的、肯定他的、有益于他的知识。他的知识的界限，就是他的求
知欲的界限。柏拉图热爱真理，热爱哲学；但是，他只是热爱柏拉
图式的真理，只是热爱柏拉图式的哲学。存在胜于知识，存在是知
识的基础；但是，每一个人对于他自己，从来就是无意识的，真理是
意识不到的；每一个人，都愿望和热爱在对象物中、在别的东西中
的自己，因为，他之爱别的东西，也只是在它是他的本质的表现的
情况下。基督徒热爱道德，但是，并不爱异教的道德，并不爱感性
的、蛮勇的道德；他只是爱基督教的道德，超自然主义的道德，幻想
的道德，简言之，他所爱的道德，只是他心爱的、逼真的肖像。每一

---

　　① Corpus Juris Civilis，编于公元 529—534 年，拜占庭皇帝查士丁尼（527—565
在位）时代编纂成功的民法法典。——俄文编者注
　　② "奇谈"和"蟋蟀"，在德文中同为 Grille，为一语双关。——译者

个人都摈弃与他的本质、他的个性、他的自爱相矛盾的东西,且认为这种东西也是与理性、真理相矛盾的;只是,有着一个当然很大的区别,即一个的个性是广泛的,而另一个的个性则是有限的。每一个人,都只允许他的头脑有这样的聪明,即与他的自恃和他内心的和平相调和的。在人那里,理性总是心的最顺从的仆人;凡是他所愿望的东西,他就把它表象成为存在着的,并且,如果他是在开始进行争辩,那么,他就会先天地(a priori)由理性来论证它的必然性。只要人们的愿望、心意、需要改变了,那么,理性真理就会随之而改变。超自然的、幻想的心,有着超自然主义的真理,而感性的、现实的心,就有着感性的真理。所以,当感觉对我们说一些奉承我们、使我们快悦的,简言之,即与我们的自爱相适合的话时,我们就愉快地、毫不犹疑地承认感觉的属神性和真实性;但是,当感觉与我们的愿望相矛盾时,简言之,与我们的利己主义相矛盾时,我们就会同样不加思考地否认其有效性和权威。当一个人出生了,我们就愉快地承认他的生存。我们计算他的生存,是从他成为感官的对象的那一刻起。除非我们堕入柏拉图主义——然而,无论什么时候,我们都不能从柏拉图主义中带出亲爱的男性或女性,而只不过是对于一切人都有效的、但不属于任何人的一个不死的灵魂——,不然,我们就做梦也想不到会不把这个人的时间上的、感性的始端作为他的现实的、真正的始端。但是,我们却否认人因死而达到终端;而且,很遗憾的! 这个终端,是一个与人的出生同样地普通的、简单的、透彻的、明显的真理,它与始端有着同样的论据、证人来证明自己。在出生的时候,人生存的特征在我们的感官面前展开,而在死的时候,又在我们的感官面前消失。可是,正是在人出生时被我们夸奖为属天的本质,为上帝,为预言家的那些感官,在人死的时候,我们却把它们咒诅为贫困的、败坏性的为公主义者和谎言家。故而,只有在无足轻重的,或者说,与我们的内心、我们的利己主义相适应的事物中,我们才是自由的,才是豪放不羁的,才是热爱真理的,才是求知若渴的;然而,只要有我们自己的利益参与在内,那么,我们就视以为例外,我们就会从我们的理性中找出大量大量的最有力的反对之理由,我们就会暴力地破坏显然有关某一个真理与别的一些不可否认的真理之相互联系的锁链。但是,最残酷的、最摧心的真理,就是死;那么,我们怎样能够来承认它呢?再回过头来说。

求知欲始终只局限于知识的类,也就是说,始终只局限于那正适合于人的倾向、利益、自我发展意向和生命意向,简言之,正适合于他的个性的知识领域。他简直不知道,超越这个领域之外,还有什么东西存在着,也就是说,在他看来,凡超越这个领域之外的东西,甚至就不能是意向或愿望的对象。如果有人因为自然科学家只研究自然界而疏忽了对神圣的神学的研究,而希望让他信服彼世的必然性,以便在彼世弥补他知识的这个缺陷,那是多么地可笑啊!人在这里所没有从事的和不知道的,他也不希望在彼世对它有所知悉。所以,如果说只是基于人的知识的缺陷而希望建设起一个彼世来,那么,看来就必须为了每一门知识建设起一个特殊的彼世了;因为,对于彼世,神学家只企求因此而得到神学方面的启示,法学家只企求因此而得到法学方面的启示(例如,关于封克的诉讼,或者,关于其他某个他在这里徒然绞尽脑汁而一无所得的重要案件),天文学家只企求因此而得到天文学方面的启示,化学家只企求因此而得到化学方面的启示。在这里——当然,是全然如此——,也证实了彼世的意义不过在于今世之中。人企求在彼世知道的,并不是某种在今世中自在地不能被知道的东西,而只是他现在还没有知道的东西。他只希望知道他在他的领域中所遭遇到的界限、困难之被消除。人并没有像基督教或柏拉图主义所强加在他头上的那种超自然的求知欲,并没有超越人的本性的限度——这种限度,当然决计不是能够用某个哲学体系的圆规来度量的,当然决计不是有穷尽的——的意向;他的求知欲,只是伸张到人可以知道的对象物,也就是说,只是伸张到属人的对象物,只是伸张到那些在历史进程中寻得其解决的对象物。他所感到的他的知识的缺陷,只是这样的缺陷——正是这样的缺陷,才是最令人痛心的——,它只是证明了一个属地的——不是属天的——彼世的有限存在和必然性;因为,他只是希望知道他自己的知识的界限之被消除,而继续发挥他的论题的后代们,就实在地消除了这种界限。这样,一心向往彼世天堂的愚笨的基督徒,忽视了地上的天堂,忽视了历史未来的天堂,在这样的天堂中,一切使近视的现在和过去充满烦恼的那些怀疑、迷惘和困难,都将在光线之中消融。伽利略在追悼哥白尼时说道:"喔,如果你能够亲身经历你的体系的新的补充和应验的话,你将会怎样地为此而欢欣若狂啊!"真正属彼世的人,相对于过去人的未来人,就是这样说的。人类在过去的青年时代所愿望的,在未来的老年时代,就得之盈盈。在临死时,哥白尼也应当为下面这件事感到哀伤,即在他一生中,虽然他很下苦功,但终究从未看到过水星。而现在,在光亮的正午,天文学家们便可以借助他们的优良的望远镜来看到它。这样,未来治愈了过去的未曾得到满足的求知欲的苦痛。一切非愚蠢无谓的问题——当然,有无数愚蠢无谓的问题存在——,一切其解决对于人类具有价值和意义的问题,都在历史进程中寻得其解决;当然,往往是在与过去所愿望和主张的完全不同的意义上寻得解决。一些曾经成为人类之最高神秘的问题,即那些使我们的祖先们只是期待属天的彼世来加以解决的问题——例如,关于基督中神性与人性、人中肉体与灵魂、神的前定或神意与人的自由等等之奇怪的合一问题——,对于我们这些人——我们现在已经不是与我们的精神一起站在曾经把这些问题看作人类的至高利益的时代的立场上,而是已经占有了哲学与自然科学的成就——来说,是早已得到解决了,也就是说,早已消失了,因为,这些问题的前提和对象,已经表明为只是自在地——虽然不是对我们祖先们的时代而言——擅自的抽象,或者说,只是虚构。所以,只有假定人类从来没有改变和改善过自己,只有假定人类恒守原位,永远留在艺术与科学的最初的不完善的始端,只有这样,那么,或许是应当要求一个超乎人的、超乎地的彼世。诚然,这样的彼世也还是没有满足贪得无厌的基督徒,因为,基督徒使自己的过奢的、超自然的愿望成为现实界的规律,成为未来世界的创造者。基督徒希望成为上帝;他公然宣称神性是他的范型;因此,在神性的别的固性之中,他也希望有全知这个固性。他自己希望知道一切;至于别人知道他所不知道的,至于未来解决了现在所没有解决的问题,对于这,他却满不在乎。可是,基督徒的这种要成为全知,要完全成为上帝的过分的、不正当的愿望,他的这种被幻想的属神性,却与现实、人性相矛盾。所以,他才要求、信仰一个彼世,以便使他的被幻想的属神性成为现实性。即使是现代的基督徒们,也给我们证明,基督教信仰中种种神秘的仪式,只是基于人,基于信奉基督教的人的最最不可信的、最最无限制的、最最超自然的自负和利己主义。他们同时也给我们证明,他们把超乎地的生存的必然性建基于其上的艺术与科学的利益,只是他们的自爱的一个无意识的借口。因为,实在有兴趣于艺术与科学的人,就同他的愿望一起诉诸后世;他正是在艺术或科学的利益中完全满足,哪怕仅仅只有一个现在不可解决的问题得到解决,而且,命运不济,他甚至未能亲身经历其解决。一个人,一度把自己提高到艺术与科学的立场,捍卫它们的利益,那么,他也就必然会放弃他个人对全知和全能的要求——况且,他在先已经无意识地放弃了——;因为,只有依靠人们的合作,协力同心,艺术与科学才得繁荣。艺术与科学并不是私产,它们是人类的公产,在它们那里,被毁谤的为公主义已经成为真理。况且,这种放弃决不是不自然的和悲痛的;因为,人以其占优势的倾向致力于一个特定的艺术领域或科学领域,这样,只要在某一门科学,某一门艺术中他能够知道一些特殊的东西,能够干出一些优异的成绩,那他就完全满足了;而且,当一切艺术和科学彼此关联,从而每一个特殊的部分都在一定程度上反映了整体,每一门专门知识虽然并不是就规模而言,但就力量而言都成为广泛的知识的时候,他就越发满足了。

此外,唯理主义者,作为一个用本性来偷换神性、用今世来偷换彼世、用自然主义来偷换超自然主义的世俗的基督徒,他所允许给予死后的人或在彼世的人的那种属神性,正像我们已经看到过的那样,并不是一下子完备的,而是继续不断的,并不是永恒的,而是暂时的,并不是存在着的,而是在成为着的。他日益趋近于上帝,也就是说,他正在日益成为上帝,但是,他却总是达不到现实的上帝式的存在;还是在"成为"。唯理主义飘荡于天与地之间,飘荡于基督教与人道之间;它用信奉、肯定基督教来否定基督教。在唯理主义者看来,一方面,人是一个属天的、超自然的、属神的、幻想的本质,因为,他是基督徒;但是,另一方面,人同时又是一个属地的、属人的、暂时的本质,因为,他是非基督徒,就像他又是基督徒一样。这个矛盾的显著的、物的表现,就是唯理主义的彼世。在彼世,人是上帝,但却是以非属神的方式,以属人的方式;在那里,他是永恒的,但却是以暂时的方式;在那里,他是无终端的,但却是以有终端的方式;在那里,他是完善的,但却是以非完善的方式。这样,唯理主义无中生有地指望人有一种无终端的、取之不尽的、决不会满足的、决不会实现的完善化能力,这个能力,必然要求一个无终端的、决不会达到目的地的、从千万年到千万年、从永远到永远地恒续着的生命。但是,彼世信仰的幻想学以及对人现实的本性之无知,却正表现于它认为,未来的前进只与现在的这些老人有关。新的道德、新的观点、新的精神之所以产生,只是因为不断地有新的物体、新的人产生。人类在今世之所以要前进,只是因为有完全新的、新鲜的、更好的本质来代替旧的、不可改善的、执迷不悟的学者和庸人;因为,青年时代总是胜于老年时代。例如,皇太子,当他们至少还是皇太子的时候,总是胜于他们做皇帝的父亲,因为青年人察觉老年人的错误,从而在他们自己处事为人中注意加以纠正,直到他们自己也堕入老年的错误为止。老年人,不管他们是在肉体上还是在精神上站在老年的立场上,总是尽力抗拒新的知识,斥责这些新知识是不实践的、不真的、空虚的、浮夸的,而把这些新知识的宣告人——新人们,斥责为不道德的、轻浮的、有堕落危险的;虽然,同老的罪人和伪善者们相比较,这些新人确实是真正的英雄,甚至是上帝。无论什么时候,人类生活中总是有上面这种现象,只要新的、更好的东西出现于世上,就立刻又发生这种现象。旧的总是好的,是正当的,是真的,是神圣的,是实践的,是治病救人的,而新的,却适得其反。不管是精神方面还是肉体方面已经衰老的新教庸人们,他们今天用来诽谤和咒骂一切现在为了人类新的更好的生活、知识和愿望而努力的人的那些话,甚至就是当初天主教徒用来诽谤和咒骂路德派教徒和一般新教徒,以及异教徒用来诽谤和咒骂基督徒的那些话。人并不固有一个无限制的完善化意向,反之,像一般物质一样,宁可说他固有一个正相反的意向,即保守意向、惰性。关于这一点,是宗教首先加以证明的;因为,宗教不是别的,不过是这样的主张和观念之顽强的固持,这些主张和观念,虽然在一定时期内曾经穷尽了人的思维和本质的限度,曾经至高无上地表现了人的想象力,但是,无论何时,却都“像一个痼疾一样地”从一代遗传到另一代,发挥着限制、约束和规定之作用。一般说来,人并不具有一个无终端的求知欲和完善化意向,反之,他宁可把他在特定时间所具有的知识的界限,不管是有意识地还是无意识地,看作人的本性的界限,也就是说,不把这种界限看作是什么界限,而看作是唯一可能的、正确的、真正的规定,从而,他也就把他现在所想的,所知道的,所信仰的和所做的,看作人一般地能够想的,能够知道的,能够信仰的和能够做的最高峰;因此,他非但感觉不到自己有想知道这些界限被扬弃的意向,相反地,却努力使这些界限成为规律，使它们永恒化和神化。所以，每一个时代都把它自己的诗人，它自己的艺术家，它自己的哲学家，它自己的英雄们称颂为永垂不朽，虽然在下一个时代，也许连他们这些人的名字也会绝迹于世。每一个时代之解决对它来说无法解决的问题，都是以它自己的方式，也即那它认为是真正的方式的方式；因为，任何别种方式的解决，哪怕是正确的，对它来说，却也许会毫无意义，因为这样方式的解决不宜与它其余的表象方式相联系，不宜于它的体系①。每一个时代，都有着像它所需要的和所企求的那样的科学和真理。凡是它不很通晓的，它就以与它自己相一致的方式设法达到通晓；至于它完全不知晓的东西，那很显然的，它也就不会企求知晓。知识的界限，也是求知欲的界限。不知道月亮实际上比看到的来得大的人，也就不企求知道它到底是多么大。不知道除了自己国土外还有别的国土的人，也就没有学习地理知识的意向。意向并不逾越使它自己得到满足的能力的限度。意向是一种力量表现，从而，就不强于满足的力量。我有意向去做的，并不超过我有能力去做的；当然，这里假定我的意向并不是浮夸的、被幻想的，而是我的本性的现实的意向。当希腊人还不能用他自己来造出奥林匹亚山的宙斯时，在他的头脑中，也就没有菲狄亚斯的理想，在他的内心中，也就没有对这样一件艺术品的需要。所以，每一个时代，每一个没有夭折之不幸的人，也就都达到其理想，

---

①　上面所援引过的例子，情形亦然如此。灵魂与肉体、神性与人性之合一，人们曾经以奇怪的方式来向自己解释，这也就是说，正是以在那个时代唯一可能的和正确的方式来向自己解释。——著者

虽然并不是就其幻想而言（因为，在思维与存在，表象与现实之间，有着一个永远的、不可根绝的差异或矛盾），而是就真实情况而言。因为，什么是理想呢？这就是作为表象、意识的对象的，从而作为我的生活的目的的，作为我的有意识的努力的目标的我的本质重要的本性意向，我的本质重要的能力。力量怎样，理想也就怎样。当人类不过只能做出哥特舍式的诗歌时，人类也就把哥特舍[①]看作是一个诗人的理想。有神论者们认为，像人们的表象不超越人们的需要等等这样一些现象，乃是证明了特殊的、属神的智能，乃是证明了特殊的神意；但是，正像被有神论者们至高地赞扬为对无穷尽的智慧的证明的那些自然现象，例如，动物的各种各样的自我维持和繁殖，不过证明了自然界的无知、局限性和制约性一样，上面那个历史现象，也不过证明了人的局限性之与人的自爱相一致。

　　但是，人们怎会如此顽强地永远固持他们科学上的和宗教上的体系、概念、观念、主张和制度呢？这是因为，正像我们在上面已经看到的那样（例外的是这样一些人，他们以脑力著称，在他们那里，脑力活动胜过其他一切活动，从而，幸福意向与求知欲合而为一；不过，这种例外，也还是虚假的），求知欲是有界限的，有限度的，这个界限、限度，就在于幸福意向、生活意向、自我维持意向——无论怎样来称呼这个意向——；这是因为，求知欲、精神、理性，并不是完全独立的东西，并不是完全与人区分开来的东西。所

---

　　① 哥特舍（Johann Christoph Gottsched），德国诗人，在莱辛（Gotthold Ephraim Lessing）严厉地批判他的著作以前，曾经享有至高的权威。——俄文编者注

谓"我",那就是这种思维着的、认识着的、信仰着的人。所以,无意之中,我就把我所是的想成是真的;一般说来,我怎样存在,我也就怎样思维。我的个性是这样一种类型,那么,我的理性也就是怎样一种类型。我的思维、知识、认识,是与"我"相合一的。我们彼此在理性中之相一致,并不胜于我们彼此在人中之相一致。我们都是人,但是,每一个却又是另外一个人。一切认为人在信仰方面无区别地相一致的说法,是牵强附会的,是虚假的。虽然我们也能够把在细节方面与我们的思想有所偏离的别人的思想占为己有,但是,那些就本质而言、就类别而言与我们相矛盾的思想,我们就视为不可同化的毒素。所以,真正的朋友,总只是那些在思维的类别,至少,在理论思维的类别方面彼此相似的人;除了在一些无足轻重的或细小的事情中是例外,一般说来,只要存在有理论上的分歧,那我们就立刻可以发现一些完全另外的分歧;因为,理论上的分歧,只是存在、个性、品格的分歧的表现。所以,对一个人的理论本质之憎恶,过渡到人身憎恶,相反地,对一个人的学说的爱、倾心,过渡到倾心其人;反之亦然。所以,要求一个神学家认识他的那些超自然的表象乃是梦想,对他来说,就无异于要求他由天使变成魔鬼。对于一个将他的眼睛除了用来看书——在看书时,"看"只是一个附属的和非本质重要的手段,因为,我也能够通过耳朵来听取写在纸上的那些内容——以外从来不派别的理论用处的书呆子,如果想要求他承认感官是科学的导师和鼻祖,那就无异于想强行要求一个瞎子去看东西。一般地说来,想要求一个人抛弃他的那些天然地本质重要的、基于他的思维方式的主张、概念和信仰观念,那就无异于要求他抛弃他的本质,抛弃他自己。那么,有谁肯这样做呢？所以，通常的学者们之妄自尊大，最最明显地表现于他们对那些与旧的、传统的、被奉为神圣的概念、观念和主张相矛盾的著作的批判和驳斥之中。他们幻想，他们至少能够一下子就深入思考到作者的立场。可见，在这一方面——当然，在别的方面也是如此——，他们是站在堪察加人和别的一些野蛮民族的立场上的；因为，只有堪察加人和别的一些野蛮民族才相信，灵魂能够从肉体中出来散散步而进入别的肉体中。然而，既然鹅的灵魂不会被移入鹰的肉体中，那么，同样地，一个偏颇的神学家的灵魂，也不会被移入一个自由的人和自由的思想家的本质中。新人、精神上的青年虽然很理解老年，但是，老年却不理解青年。例如，在家庭生活中，父母天天在危害他们的子女，在政治生活中，老练的政府迫害在作青春奋斗的民众。政府用暴力来压迫一切它们认为可能危害某些人或整个民族的学说。但是，最最愚蠢不过的和野蛮不过的，就是在于监督人的信仰和思想；就是在于意欲来代表人，虽然事实上每一个人都最好地代表他自己；就是在于用假聪明的、看来好像慈父般的、但真正说来却是专制性质的关怀来庇佑他，虽然事实上每一个人都有他自爱的本能作为他自己的守护神。一个人，如果那认为人的神性——或者，完全一样的，人的不死——乃是一个梦想的信仰或学说确实对他有害，那么，也用不到得到基督教的教士或警察的支持，他自己也会抛弃掉这种学说。凡是与人的福利相矛盾的，就也与他的本质相矛盾。但是，凡是与我的本质相矛盾的东西，我就把它们排斥掉。自我维持的意向，是全能的。诚然，一个新的真理或学说，在一开始时可能表现出一些破坏性的、有害的作用，因为在人看来，随同旧的观念之消失，似乎他的生

存的一切基础也尽都消失了。但是,随着时间的推移,这些创伤不
医自愈。最初令人痛苦的真理,慢慢地成了至爱的心腹之交。当
然,确实也能够做到强迫某些人和整个的民族接受与他们的本质
相矛盾的观念和学说;但是,只要发生有这样的事,那么,他们也就
要被迫接受陌生的本质,而他们自己的本质,就要被暴力镇压下
去。被迫接受对一切人都一视同仁的基督教的那些民族,也在基
督教信仰的桎梏的逼迫下接受基督教的专制统治或基督教的白兰
地酒。

　　所以,总是只有新的一代,只有青年,才证明人具有改善和完
善化的才能;理由简单而自然:因为青年还是率直的,是不定的,是
豪放不羁的,也就是说,不像那些出于利己心、虚荣心、成见、因循
守旧、官职、老练而与一切彻底的革新结下不解之仇的老人们那样
具有利己主义的个人利益,从而,也就不像老人们那样抗拒新的真
理。所以,如果我们在思想中从现实的人们中抽引出"人"的普遍
概念,并且,把人们在现实中所表现出来的彼此正好相对立的一些
固性也包括到这个普遍概念中去,那么,我们就会得到下面这样的
命题:人,既是一个稳固的、敌视一切进步的、不可动的本质,却又
是一个前进着的、有革新欲的、能动的本质。然而,这样互相矛盾
的固性,如稳固性或永恒性之与可完善性之统一在同一个主体或
本质中,只有在基督教唯理主义的神奇的辩证法中,才是可能的和
许可的。在现实中和在基于对现实的直观的理性中,这个矛盾之
解决,乃在于认识到这些互相对立的固性也各属于互相对立的本
质。固步自封和一成不变,无论在今世还是在彼世,总是老年人的
固性,而不定易变、改善活动和完善化活动,却是属于青年人的。

人的可完善性，并不是指彼世、指永生而言。反之，只有执迷不悟的老罪人和老庸人的死、没落，才是进步的条件；要使一个更好的、新的存在有希望来到，就必须要让老人、一成不变的人不再存在。相信你自己可以永远保持为同一个人、同一个本质，却又相信你自己可以作无终端的进步，也即可以作本质重要的进步，——这乃是纯粹的奇迹信仰。高一级的、本质上更完善的人，也必须是与低一级的人有本质不同的人。

如果有人把一个希腊人由最初的一些粗糙的赫梅斯①像柱的那个时代移入菲狄亚斯和索伏克里斯的时代，以便使他出于基督教的那种对可完善性的爱好而享受到对完善的艺术美的直观，那是多么地愚蠢啊！经过这样的迁移，古希腊人便或者是不再认识他自己，或者是毫不赏识菲狄亚斯的艺术品；因为，他或许根本就不懂这些艺术品。他的艺术感和艺术意向，并不超越他那个时代的艺术品；他时代的艺术品之粗野，是他自己的粗野之令人满意的表现。如果我想要除去他那非完善的、粗野的艺术感，那么，我就得先除去他的本质和他的自我意识。今世的、未开化的希腊人和彼世的、精炼过的、精神化了的、完善化了的希腊人，虽然二者都是希腊人，但是，却是完全各不相同的本质，以致只能借不同的时代和世代来解释这个矛盾，也就是说，不能够通过让基督教的辩证法行一下奇迹来使这两种截然相反的人彼此混同或统一起来，除非，结果是"无"，也就是说，结果是幻想的荒谬。

---

① Hermes，又译赫尔墨斯，宙斯与马雅（Maja）之子，为神之使者，也为司学艺、贸易、发明、斗技之神，与罗马神话中之麦叩利相当。——译者

为了提供另一个离开我们更近一些的例子,我们来看一个古代信奉异教的日耳曼人和一个现代信奉基督教的德意志人。天差地别!谁能够设想,虽然过去那个仅仅在战场呐喊声和武器撞击声中听到神性的声音的日耳曼人,现在竟喜欢听普鲁士王国的音乐家的甘甜的笛声或"钟声",然而,却并没有因了兴趣的这种改良而丧失了他整个的、即使是肉体方面的本质呢?这里,我甚至说了"肉体方面的本质"。因为,使用古德意志的剑的那只手,怎么能够使用乐器、外科器械或物理仪器呢?怎么能够挥舞基督教日耳曼的伪君子或告密人之有外交意义的、阴谋的笔呢?同一只胃,怎么能够既容纳古德意志的实惠的大麦酒,又容纳在一个基督教日耳曼风格的"学术"晚会中的中国茶叶呢?不能够。既然你不能从大麦酒中提出茶叶来,那么,同样地,你也就不能把一个古德意志人变成一个新德意志人,除非你以不同的时代和不同的人身作为你的避难所。所以,如果说人在彼世完善化自己,那么,这种完善化,或者是本质重要的、根本的,或者是非本质重要的、表面的。若是前一种情形(即完善化是本质重要的,是根本的),那么,完善化就扬弃了我的本质与我的自我意识之统一;我成了一个完全另外的、与我本人不同的本质,似乎这个本质是未来的人,他将在我死后继续和完成我的论题。但是,若是后一种情形(即完善化是非本质重要的,是表面的),那么,我就保持不变;这样,我的等级和完善性之本质重要的、独特的程度,也就保持不变,从而,我至多不过获得了量的增长和添加:但是,这样一来,彼世本身也就只成了无所事事的、多余的、一无所用的添加物。

当然,只要是人,即使是那些稳固的,在永远的进步的借口下一成不变、固步自封的人，也总是有一个完善化意向；但是，这个意向不应当脱离人而独立化起来，更不应当被提高到神学的幻想学中的无终端性。人的完善化意向，是一个附属的意向，甚至可以说，是一个偶然的意向，而并不是属乎本体的意向。人的基本意向，是自我维持的意向，也就是说，是自我保守的意向。人的愿望——至少，有根基的、并非凭空捏造的愿望　——，并不逾越就自己的本质重要的、独特的规定性而言自己所是的。农民的愿望，并不越出农民阶层的范围；作为学者的学者的愿望，并不越出学者阶层的范围；作为哲学家的哲学家的愿望，并不越出哲学的范围。第欧根尼决不愿望成为亚历山大，拿破仑决不希望成为拉斐尔；拿破仑只愿望更成为拿破仑，第欧根尼只愿望更成为第欧根尼，学者只愿望更成为学者，农民——这里是指欣然从事农业的农民——决不愿望成为大学者或大政客，而只是希望成为富农。即使在伦敦，爱斯基摩人也还是眷恋他的海豹肉；他的愿望，并不越出他的疆界；他只愿望是和有一般地爱斯基摩人能够有的和能够是的。所以，一般说来，人只不过愿望是和有他已经是和已经有了的；但是，已经更为高级，已经有所增加，有所提高①。完善化意向，只是处于比较高级和最高级之中的自我保守意向和自我维持意向；它是

————————————

　　① 但是，这个命题，怎样与我们那一无所是和一无所有的无产者的愿望相一致呢？唉！无产者已经有许多东西了，因为，他们具有人的自恃、人的受教育意向、人的劳动欲。他们并不是像人们恶意地冤枉他们那样的愿望成为显贵的游手好闲者和饕餮家。他们并不愿酩酊于勃艮第红葡萄酒和香槟酒，并不愿望大吃牡蛎和鹅肝饼以致生病。他们只愿望提高异常低廉的劳动价格，愿望争取到劳动的真实价值，从而，使劳动者正式被公认为劳动者自己已经感到和知道的，这就是说：不是手段，而是自我目的，是具有天赋人权的本质。——著者

一个量的意向,而正因为这样,它就是一个被我的本质的质、种类规定性所限制着的意向。我的能力、天资和才干的规定性、限度,也是我的完善化能力的限度、规定性和界限。所以,就我的本质重要的品性而言,我总是站立原处;因为,一般说来,在人身不变的条件下我在时间进程中能够怎样地来改变我自己,那么,我也就只能怎样地来完善化我自己。所以,每一个人,在他文化史的开端,就已经暗示出那个他在他自己发展的顶峰明显地加以描绘出来的品性了;因为,正像肉体(即血液生命)、植物的成长活动有昌盛时代一样,精神(即神经生命,特别是脑生命)也有昌盛时代。只有当我们还没有达到这个顶峰、这个昌盛时代,也就是说,我们还没有为我们自己的才干、我们自己的本质寻找到典型的、相适应的表现时,我们才处于完善化过程之中。

虽然我们不断地进步,天天进步,但是,这只是属于量的方面的。虽然我们幻想起来,觉得我们时常有全新的作品,以致给人类带来了某种本质上新的东西,但是,只要在某个时间作品完备地见于我们眼前,那么,我们就会神志清楚起来,认识到它与前它的作品之亲缘关系、一体关系。正像自然科学家总是喜欢把最细小的区别夸大为新的种属,以便由于一种新的植物、新的动物或石头的名称使自己扬名一样,我们大家也都喜欢把那种本来只应当感谢时间之美意的量的添加,算作我们自己的造诣,我们大家也都喜欢把我们的本质在生活过程中所形成的变异,夸大为新的种属。然而,我们道德方面的和智慧方面的本质的种、属、形、型、品(随便怎样称呼都可以),却是不会改变的。一个鄙劣的诗人,不会成为一个良好的、完善的诗人,一个思想紊乱的、迷信的头脑,不会成为一个有条有理的头脑,一种狡猾的、嫉妒的、卑躬屈节的品性,不会成为高尚的品性,——这一切,就正像茄属不会成为百合属,驴子不会成为骏马一样。我所作的一切进步,就种类、本质而言,总是不变其旧;因为,这些进步总是带有我的色彩,这就正像鹅不论前进了多少步,总还是行着鹅步,栎属的年轮,虽然由于自己无休止的扩张意向而粗壮了许多,但终究还是栎属木材一样。基督教所采取的道德上的奇迹治疗,像基督教的唤醒死人以及身体方面的奇迹治疗一样,也是属于神话的王国的,或者,如果这些神话在这里和那里具有某种历史性的东西作为基础的话,那么,便是属于歪曲、夸大和夸口——不管是故意的还是无意的——的领域,而这种歪曲、夸大和夸口,却是任何宗教都允许自己用来蛊惑信仰上的平民的。当然,在一开始时,一切新的东西都是惊心动魄、翻天覆地的;但是,很快地,旧的固性、倾向和缺点又出现了,至多改头换面一下,正像那些已经皈依基督教的上帝,但在一切决定性的场合总是又回到其原来的旧上帝那里去的异教徒,经过若干代以后,又使混血神复旧原形一样。

所以,虽然在受洗礼时曾对新亚当发过信实誓言,但是,基督徒总还是回到老亚当那里去。在这里,也谈得上"藕断丝连"。当然,实在地也确实发生有人的革命和转变;但是,这种革命和转变,并不是奇迹。每天都发生有类似保罗皈依之事①。男男女女都在

---

① 保罗又名扫罗,原来专门迫害耶稣门徒,后来在大马士革遇主显现,遂皈依基督教。事见《新约·使徒行传》第 4 章。天主教之所以以公历一月二十五日为节日,也就是为了这个缘故。——译者

说："我永不结婚,我爱自由,我憎恶女人(或男人)。"但是,看吧!
先生或小姐却只是想寻找合适的对象,而那永远要保持童贞和自
由的誓愿,也就此完蛋了。这个人说："我憎恶哲学——信仰的破
坏者。"但是,看吧!他却只是想看一些正当的书,交一些正当的朋
友,而这样一来,他也就一变哲学的一个情感上的敌人而成为哲学
的一个同样情感上的朋友。所以,每一个人在他的生活过程中迟
早总是要破坏他以往曾经对一个偶像发过的永久信实的誓言,因
为他认识到,这种誓言是无意识地错误的誓言。可是,人决并不因
了这种变革而变为另一个人,反之,只有现在,他才成了他自己,他
才从梦中苏醒过来,真正意识到他自己的才干、天职和本质。可
是,获得自我意识的这一幕,也是最最重要的、对于整个未来有决
定性作用的、在质的方面使生命在此成一阶段的一幕,而且,在那
我认为是我的要素的类、范围之内部,我还可以经历好多好多出乎
我意料之外的等级和阶段。

我们的完善化,不过在于发展,而发展,又不过在于阐明我们
是什么。我们的本质的意义,始终不变;所改变的,只是词句;我们
所说的话,其实并没有什么两样,只不过更明白一些而已;我们的
一切进步,我们用来表白我们自己的一切作品、一切词句,其实都
只是同义词而已。我们的本质,至少当我们还处于成长过程之中
时,总是日益更断然、更明确;由于经验不断地丰富,我们使我们自
己的本质抛弃掉缺点和迷误,不断地纯洁化;我们成为批判的了,
但是,很可惜的,与缺点一起,我们常常又丧失了我们青年时代的
各种德行。所以,虽然完善化意向同时又是一个批判的意向,但
是,正因为这样,它就不是一个生产性的意向,也就是说,即使我们

具有这个意向,也还是不能养出属天的彼世的小耶稣来;因为,这种批判只涉及我们的粗笨的、显而易见的、但正是因为这样成了妨碍我们的缺点。每一个可以感到的缺点,都约束、限制了我们的自恃,从而,就与我们的自爱、我们的幸福意向发生矛盾。如果抛开一切超自然的、幻想的感觉和观念不管,那么,这种批判至少只合乎规律地涉及这样一些缺点,这些缺点是我们能够加以摒除或至少能够加以限制的,并且,在今生之中,我们已经实在地加以摒除或者至少加以限制了,只要我们具有充分的意志和理智运用自然界中听候我们支配的那些手段来对付这些缺点的话。但是,这种批判并不涉及这样一些缺点,这些缺点是我们所感觉不到的,是与我们的本质合一的,从而,是不能从我们身上除去的,要除去它们,就除非连我们自己的本质一起除去。简言之,同神学的一切秘密一样,完善化意向也只有在人类学中才寻得其意义和解决;从这个完善化意向中,我们引不出上帝来,引不出什么属天的、超自然的本质来,除非当这个意向本身被造成为一个超自然的、幻想的意向;从其中,我们总只不过引出“人”而已;因为,既然正像上面说过的那样,它是批判家,那么,它也就不会去侵犯人的资金、资本;反之,人的资本总是原封未动,只应当不断地生息。简言之,完善化意向并非无中创有者,而不过是用现成的材料来进行营造的一个建筑师而已。

　　就本质而言,人已经用第一本起决定性作用的著作——尽管这本著作或许还是缺点累累,或许还是非常的不完善——写出了他以后一切比较起来完善得多的著作。一个敏锐的奇才,在第一本著作中就发现了一切在以后不过是更明朗地和更耀眼地表现出来的固性,从而,在这里,就只不过是使愚钝之人惊诧莫名而已。第一本著作是一个果断的原则,而以后一切著作,只是作为接续句和论据跟随其后。幸运的是这样的人,他被允许像纺纱那样纺尽他的原则的推论。可是,这却并不是必要的。不! 最有分量和最有洞察力的著作,正是那些虽然包含有提供无穷尽的推论的材料,但并不把这些推论全部陈述出来的著作。生命就是这样的一本书。我们并没有必要将我们的才干的一切推论尽都发展开来;我们只要表白了最主要的原则和前提,那就足够了,就算是达到了生活的目的了①。所以,既然在彼世不过是我们生命的极其有分量的和业已完成了的格言,将在基督教的关于灵魂永远不死之喋喋不休的说教和论证中被延展至它在这里已经虽然是简短地和非通俗地、但正因为这样却是富有精神地被表白了的各项推论,那么,彼世就是一个多么地虚浮、多余和毫无价值的东西啊!

---

① 当然,只有最少数的人,才在这样的时刻死去,即当不能设想再继续活下去,甚至可以说,他们的本质点滴无存了的时候。绝大多数人,如果他们活得更长一些,那么,他们总是还能够再做一些事。但是,就这个意义而言,也只有最少数的动物、最少数的植物,才竭尽了己力。绝大多数动植物,都还能够更长久地把它们的本质继续下去,如果不是某一个特殊的致死原因阻碍了这种继续的话。值得注意的,虽然也是很容易领会的,动物在人意之保护下,比在野外在神意之保护下,也即在自然界的保护下,更为长寿得多。这就最通俗不过地证明了,在自然界之中,执权的不过是自然而已,只要人意、人的理性没有了,那么,一般地,至少在我们自然界中,也就是说,在地上,也就没有什么理性和什么样的"意"了。——著者

关于我的《论死与不死》

    人们对《论死与不死》的非难,主要归结为说它是绝对否定的,说它消灭了人格、个性。但是,这种非难,却只是以表面印象为出发点的。如果我给一个人证明,他实在并不是他在他自己的幻想中所是的,那么,对他来说,我当然是否定的,我刺痛了他,我使他失望;可是,只是对他的被幻想的本质,而不是对他的现实的本质,我才是否定的;至于此外他所是的,那我都乐于承认;我其实只是除去了他的幻想,而这样一来,他就认识了他自己,并且,把自己的思维和意愿针对着与自己现实的本质相适应的、并不超越他的力量的对象。卡斯底里翁在他的《仪仗队》中说道:"我认识有一个杰出的音乐家。但是,这位音乐家抛弃了音乐,改行而一心做诗,而且,虽然他的诗歌任何人看了都要发笑,但是,他却自以为是最伟大的诗人。"另外还有一个世界第一流的画家,也是藐视这一门他在行的艺术,改而研究哲学。但是,在哲学方面,他却只有一些最最疯狂的怪谈和妄想。那么,如果我现在否认这位画家有哲学家的固性,否认那位音乐家有诗人的固性,难道我对他们就算是否定的、不仁的吗?既然我是为了使他们恢复理性,使他们重新应用他们的真才实学,那么,即使我以最严厉的讽嘲作为武器来攻击他们的癫狂,我不是仍旧不失为他们的救命恩人吗?看!关于不死,正也是如此；区别仅在于，在宗教之外作为人的愚蠢和癫狂之显示的东西，在宗教内——但是，不死却正是宗教上的事情——，就作为属神的真理和智慧之显示。作者只是否认个体具有使他自己永生不死的那种被幻想的才干，这样，就使他能够重视现实的才干，即今生之中的才干，不至于为了某一个幻想而牺牲了它。因为，只要彼世信仰成为事实和真理，只要在信仰与其推论之间并没有智慧在起媒介作用，那么，不死信仰就使人失去在今世生活的能力和手段。我们可以最明显地在民间看到这一点。民众为了死后生存那种宗教妄想而牺牲了钱财和血液，不仅使死人的动产，而且也使他的妻子和他的仆人，一起陪伴死人进入彼世，也就是说，进入坟墓。基督徒也是如此；所不同者，仅仅在于基督徒并不为了彼世而浪费肉体，不过，还是为了彼世而浪费了灵魂、理性、精力。可见，作者只是否定了被幻想的、超自然主义地被吹嘘的人格，以便能够更有力地肯定现实的、活的人格；作者只是驳斥了对天的要求，以便提高对地的要求，提高属地的生命与人的价值。作者意愿，人们不要再等待从天上或在天上烤就了飞到他们口中来的鸽子，而是要自己去捉鸽子，自己去烤鸽子。当然，这样一来，作者就没有用下面这样的希望来谄谀他们，即对他们说，他们有朝一日在地上将要得到和能够得到基督教的天堂：因为，基督教的天堂，永远只停留在幻想之天堂中。作者只意愿，他们不要因了贪求属天的鸽子而从眼中和手中失掉了属地的鸽子，意愿他们宁可要有限度的、然而是现实的幸福，而不要无限度的、然而是幻想的福乐。

————

但是，认为除了今世生命以外没有另一种生命的那种信仰或学说,是否剥夺了人的最宝贵的力量,即牺牲自己生命的力量呢?
既然今世生命具有唯一的生命的价值,从而也即具有无价之宝的
价值,那么,还有谁肯牺牲它呢? 当然,会死的人们,不再会同意让
自己做不死的基督徒的豪华的、幻想的祭物,他们不再会为了教会
而乐意让基督教的泰再尔①们从他们的口袋中偷去钞票,他们不
再会让自己被利用作为宗教上的或政治上的专制统治的没有意志
的工具,不再为了宗教的奇想或君王的怪僻而浪费他们宝贵的生
命。可是,他们却肯做必要的牺牲者,而只有这种牺牲者,才是真
正的牺牲者,才是有理智和理性的牺牲者。没有必要而作牺牲的
人,乃是愚者和伪善者。牺牲是富有诗意的行动,是热情的行动;
但是,热情可不是随意而临的;奉命——不管是奉耶和华的命令,
还是奉"绝对命令"的命令——的牺牲,与奉命的诗歌同样地卑贱。
真正的诗歌,只是起源于内在的、但与一个外在的事变或对象相适
应的必然性。真正的诗人不能够不断地做诗,一般地,真正的精神
生产者也不能够不断地生产,正像树不能够不断地开花结实一样。
先验的诗歌,不以什么为前提的、没有对外界的印象的、没有什么
烦恼和苦痛的诗歌,像先验的哲学一样,也是终无大用的。但是,
关于道德方面,情形也是如此。与人分离开来的、自为地被思考的
道德,不以什么为前提的意志,独立的"绝对命令",与不以什么为
前提的逻辑有着同样多少的现实性。真正的牺牲,正像前面说过

---

① 　泰再尔(Tezel),多米尼加的修道士,因为大力为天主教教会奉教皇之名而卖
出来的免罪符做广告而著名。买了这种免罪符的人,不仅以往的罪孽得到赦免,而且,
未来的罪孽,似乎也得到了赦免。——俄文编者注

的那样,只是热情的行动,这种行动,是你所不得不作的,是你的整个的、不以意志为转移的本质的表现。但是,对于这种唯一配取得"行动"这个称号的行动,在日常庸俗的刻板生活中,却毫无机会可言;它们之发生,只有在危急的场合,在非常的关头,即当人如果不去冒一切危险就将失去一切,当至贵的、至高的伟业将在一举手间创成,也就是说,当如果不作这些行动就将成了道德上的自我毁灭的时候。可见,只要确有必要牺牲,那么,也就一定会去牺牲,完全不依赖于基督教的信条和"绝对命令"的命令,就正像只有当具备有做诗的原因、材料时才有诗做出来一样。但是,基督教的那种旨在献媚讨好的牺牲,却理所当然地将同不死的勋章一起消失掉。

＊　　　＊

＊

说明一下,在这里,我只是把牺牲理解为积极的、英雄的牺牲;至于被动的牺牲,也即人为了自己的信念所蒙受的痛苦,则我们面前已有无数最可靠的证据证明,对上帝和不死的不信或对其反面的信仰——"宗教"和"信仰"这两个词,有着很矛盾的意义,以致即使是不信者也要求宗教和信仰,这样情况下的信仰,就也具有主观确定性之意义,也具有有活动力的信念之意义——,也可以说,对没有一种不死的信仰,并不使人失却放弃地上财富的力量。我们看到,不信者们怎样地为了他们不信的缘故而到处忍受着各种各样的蔑视、凌辱、追究、盗劫。怎样翻天覆地的大转变啊!以前,人们是为了永恒生命而信仰上帝,而现在,却是为了暂时的生命而信仰上帝。以前,信仰上帝和不死——二者基本上是同样的——,会损失地上财富,而现在,却可以因此而得到和享受到地上财富。以前,无神论是那些穷奢极侈、乖巧、虚浮、荒淫、浮华的人的事情,而现在,无神论却是属于劳动者们的,不管是脑力劳动者还是体力劳动者,而正因为这样,也就成了那些恳笃的、固实的人的事情,也就是说,成了必然性,成了平凡的真情实话和人道;简言之,以前,基督徒是贫穷者、受追究者、受苦难者,而现在,却轮着非基督徒。怎样奇特的交替啊! 一般说来,名义上的或理论上的基督徒和上帝信仰者,是实践的、事实上的异教徒,而名义上的、理论上的异教徒,却是实践的、现实的基督徒。受苦者们,不要难过吧! 基督教的政治上的凯旋,却正是它道德上的堕落。现在自以为和被认为是基督教的朋友和保护者的人,将来大家就要认识到这是基督教的真正的敌人,而现在被当作基督教的敌人的人,将来大家也会认识到这是基督教的真正的朋友①。你们当然也知道,假的朋友是谄谀者,他们甚至嘉颂朋友的缺点,赞之若神。但是,真正的朋友,却只是像爱一个人那样地爱朋友,嘉颂他的德行,然而,也责备他的缺点。

＊　　＊

＊

可见,我主张,真正的牺牲,只是起源于外在的和内在的必然性,从而,真正说来,就不是什么牺牲,不是值得称赞的行动。这种主张,对基督教的道学先生们来说,是近乎疯狂的,因为,他们以

---

①　重新恢复原始基督教的人,同时也就恢复了各项原则,而这些原则的一切推论,却正是他想通过这种恢复来加以摒除的。基督教一度曾经是的和意愿的,现在是人道所意愿的和所是的。只有那同时也建立起一种新的原则的恢复,才是真正的恢复;否则,就只是无益的重复而已。——著者

为,道德和一枚基督教的勋章(文的或武的),是同一个概念。但是,我要问:吃和喝,寐和寤,生殖和哺乳,洗衣和熨衣,耕地和掘沟,绘和画,射击和狩猎,读和写,简言之,人们一切其数难计的天然的和日常的行为和行动,究竟是道德的还是不道德的呢?每一个有理性的人,都会这样来回答:它们既不是道德的,又不是不道德的。只有当我因为厚了一个自在地并不是不道德的行动而薄了另一个自在地同样也不是很道德的行为时,才产生了道德性的概念,或者,说得更正确些,才产生了不道德性的概念,因为,前者以后者为前提,一般地,规律总是以不规则性为前提,或者,说得更正确些,总是以反自然性为前提。我们以一个爱好社交的妇人为例。当然,这种爱好,并不是不道德的。但是,如果她因了社交活动而疏忽了对她自己的子女的照顾,那么,道德的世界,也就是说,恶劣的世界,就会说她是一个不贤慧的母亲,虽然对子女的照顾和培养自在地也并不是什么道德的行动,现在之所以成为道德的,只是因为这是母亲对她的子女的天然爱的结果。所以,如果这个妇人开始照顾她的子女,那么,对她来说,这就是一种牺牲,就是一种德行,因为她克制了她自己的社交倾向。可是,对于另一个没有任何与自己的母爱相抵触的倾向,最爱耽在家里同自己的子女在一块儿的妇人来说,那就绝对不是什么牺牲、德行了。所以,职责决不是什么 Deus ex machina①,决不是一块从另一个世界降落到大地上来的陨石;它并不属于另一类的本质,而只不过是人的意向和倾向;所以,它是我身上的肉,是我骨骼中的骨头。职责不是别的,不

过是人的意向,这种意向,为了维护自己的主权,就全力抵制另一个意向之统治野心;职责作为不纯洁的良心,只是意向之暴戾的幽灵,只是暴力地杀害或想杀害另一个更强的意向。对一件事,人若根本没有意向,那他也就没有职责;或者说,能够成为人的职责的,只有那种至少总是有某一个人不是出于职责,而是出于纯粹的倾向或本性来完成的行动。所以,如果我自为地把职责当作对象,并且,使它与意向对立起来,成为一个独立的类或本质,则是完全错误的。康德说:"假如自然赋予这个人或那个人的心以很少的同情心,假如他(顺便说一声,他是一个正人君子)是毫无热情的,对别人的苦痛无动于衷的——或许,这是因为他觉得,既然他自己是依靠忍耐和坚毅这两种特殊的天才而不把他自己的苦痛当作一回事,那么,他就假定、甚或要求别人也具有相类似的忍耐和坚毅——,假如自然不是真正地将这样一个人(说实在的,他或许并不是它的最坏的产物)形成为人之友,那么,难道他不会在自身内寻找出一种使自己具有比良善的热情所能够具有的高得多的价值的本源吗?当然是这样!正是在那里,开始了品性的价值,而这种价值,在道德上是至高的,是无可比较的,因为它可以使他不是出于倾向,而是出于职责,有好的行为作出来。"当然,我之有好的行为,应当不仅仅是出于倾向、热情、感情,而且,也应当出于职责,出于原则;但是,除了是那被提升为我的意识和意愿的对象的对好行为的意向以外,出于职责的好行为,还会是什么呢①? 职责并不是

---

① "自然已经把道德性的天资和萌芽置放到一切人的心中:我们生来就具有一切善良。"(塞尼加,书信108)康德在他的关于怎样认识人和世界的指示中也说道:"可是,也有这样一种人,他们天然地就具有一种品性,似乎他们天生地就是具有着高尚的性格,就是具有着名誉感"等等。——著者

先天地存在于我里面,它只不过是从意向、感觉中抽象出来的。职责是人的本性的表现、结果、作用,而只有以后在文化的发展过程中,当人忘却了一切事物的起源时,它才被提升为根据、原因。凡是人看到和感觉到自己有意向于此的东西,凡是他认识到是自己的本性的必然性的东西,他就把它提升为对别人来说同样也成立的法则,提升为别人也应当履行的职责。所以,如果我不是出于任何倾向,而是出于职责而行动着,那么,真正说来,我就等于像——虽然不是直接的,而是间接的——猿猴一样地行动着;因为,凡是我没有倾向而做了的事,凡是我糊里糊涂地做了的事,都只是沿着传统的道路到达我这里,例如,绝大多数人的德行,就都只不过是传统的、摹仿来的德行而已。这样的德行,并非起源于感觉、意向的始源、最高本源,而只是起源于别人的观念;正因为这样,它们也就只是虚伪的德行。不是出于自己的倾向的德行,就等于我心不在焉地效学别人所说的一句话;因为,职责只是一个名称,一个单字而已,它的本意,乃是倾向、意向。凡是我不是出于自己的倾向所做的,我都是不乐意地、被迫地做的,而正因为这样,我就把这一类行为算作我的功绩;可是,我正是通过这样的要求来承认,我的德行是假的,是捏造的,在我的德行中的我,与我自己处于不自然的紧张状态。因为,什么是德行的代价呢?是幸福。可是,什么是幸福呢?是与我的倾向和意向相调和的生活。德行应当成为幸福的,也就是说,不再应当与我的倾向处于矛盾之中,从而,也就不再应当是德行;因为,德行只是那与我的倾向相矛盾的行为?为什么你总是事后才消灭你的德行,而不是一开始就这样呢?是不是现在你暂且对你的德行让步一些,为了将来在天上使自己可以随心所欲呢？这是何等的荒谬！在天上怎样，在这里就也已经应当怎样。凡是你期待从上面得到的，你都可以而且应当自己设法得到；使你的德行与你的倾向、你的感性相调和吧。

只有那不与人相矛盾的、从而幸福的德行，只有那不是、而且也不想是德行的德行，不提出任何要求的德行，像一个天真可爱的小孩子一样的德行，才是真正的德行。当然，这样的德行也是有功绩的，但是，平常得很，正像人的任何的活动，只要也基于人的倾向和天资，一般地都是有功绩的一样；因为，无论何处，即使在艺术方面，都不会有烤就的鸽子飞入人的口中；他应当勤学苦练，以自己的努力来攀登完善化的高峰；如果他没有自我规定，如果他没有勤勉、练习、奋发，从而也即如果他不去克制无数独特的倾向和欲念，那么，任怎样他也不会达到他的天然规定。但是，这种自我克制并没有什么别的意义，只不过是合于卫生的自我克制，我们天天用以来增进我们的健康，也就是说，用以来满足我们对身体安康的意向。我们每天都有着许多暂时的欲念，突然的发作，反感和软弱心情。这种软弱心情，像巴森夫人因为她的丈夫追随他的才干之冒险的意向而频加警告和劝告一样，也想警告和劝告我们，叫我们不要把我们的敏感的皮肤放进冷水中或暴露于大风中，不要让我们心爱的臂和腿做紧张的肌肉运动，不要让我们的饕餮欲因了家常的粗菜淡饭而遭到抑制。但是，凭经验教训，我们认识到这种忽拒忽就的软弱心情乃是谄谀者，乃是虚伪的朋友，从而，也就不再理睬它。所以，甚至保持健康，满足最简单的和最自然的意向，也需要一定的英雄主义。然而，如果竟把这种自我克制夸张为基本意向和基本倾向，那就是荒谬绝顶的了。如果竟把对我们的倾向的无数变种和杂种之否定当作对类本身之否定，那就是荒谬绝顶的了。意志——这是道德上的超自然主义的偶像——与感性的意向和倾向之间的关系，一如理性——这是意志的前提——与感官之间的关系，也就是说，一如类与神或单独的个体之间的关系。举一个例子。一个人——例如，野蛮人——，如果不考虑后果怎样，只管大吃大喝地吃个精光，那么，他就成了食欲的奴隶。反之，一个人，若能够想到未来而决定现在享受的限度，那么，他就既自由而又有理性地吃着。既然就类而言——或者说，自在地——，未来并不是某种超感觉的东西，虽然它超越可感觉的这一时刻，并且，对我来说，还只是思维的对象，那么，同样地，意志就也不是某种超感觉的东西，虽然我借意志使自己超脱这些感性的贪欲；在意志里面，我只是使我自己的感性的本质（一般地或整个地）与那想自充为我的绝对本质的一定种类的感性相对峙起来。如果我为了不致喝醉而限制我的酒量，那么，难道说这种自我限制和自我规定证明了一种超感觉的力量吗？不！因为，我由此只是证明，除了咽喉之外，在咽喉的上面，我还有着一个脑袋，而这个脑袋的正常的、论证我的"自我"的活动，我却不愿意知道由于我的咽喉的影响而被扬弃掉。

————

可见，当然存在有这样一些牺牲，这些牺牲，甚至不能够与基于倾向的德行分离开来。但是，这种牺牲，也并不要求属天的彼世；原因非别，正是因为它们是必然的，正是因为如果我们不立刻牺牲大量别的平行愿望，就不能够满足什么意向、嗜好、愿望，正是因为如果我们想结出果实——这些果实可以满足肉体和精神的渴望——,就必须举行自我宰割的仪式。想为了这种自我宰割鸣不平,或许无异于一个植物学家想为了没有能够尽行收罗一切在可爱的大地上开放着的花朵而鸣不平。当然,也有一些牺牲不是必然的,是可以而且应当免除的。例如,一个父亲,出于对子女的爱,为了使他们不致挨饿,就牺牲了他自己一切的愉快,牺牲了自己一切的精神需要。但是,难道这种牺牲也是必然的吗? 这一个穷人所缺少的,另一个人却绰绰有余。所以,由这些为了德行的牺牲中,正像由其他一切道德上的受苦受难中一样,归结不出属天的彼世之必然性,所归结得出的,只不过是变革人类生活中可以被扬弃掉的劣说之必然性。如果由于欠缺属人的正义,由于无辜者常常在这里受苦,就归结出属神的正义之必然性,那是多么地愚蠢啊! 对于不幸者来说,如果只是在事后,在他业已被折磨至于死以后,也即在他的受苦受难已告结束以后,他的受苦受难才得到补偿,那么,上面那样的归结,对他是根本无济于事的! 使他不要再受苦吧,尽你们所能够的——其实,只要你们有真诚的愿望,那也就一定能够! ——来阻止、至少是限制人的不义的行动吧。所以,彼世只是建基于我们在自信和自动方面的缺陷。但是,如果关于人间不幸的结论确实基于超乎人的彼世,如果道德上的受苦受难确实是一个更好的世界的保人,那么,在这个地上的一切改善努力,就都是枉费心机;因为,与大地的祸患一起,我们也把天堂的保人和支柱一并摒除了。对地上公义的任何一种改善,都有损于属天的公义。今世之一得,乃彼世之一失,彼世针锋相对,盈亏背向而行。

————

　　无意之中,我越了轨了。我并没有遵照原先的计划来评论我的著作,反之,在独立的发展中,我迷失了方向。现在,再言归正传。我的《论死与不死》当然是否定的;不过,理由很简单,只是因为它的论题是——死。关于死,大家可以随心所欲地来想象,也还可以把死人表象成为生存着的;然而,死——或者说,在死中的生存——,毕竟还是今生的否定。宗教对被死夺去了孩子的父亲说:"不要伤心! 你的孩子并不是死的;他还活着!"好得很;但是,他过的生活,却比死还要可怕;因为,他活着的地方,没有他的父母、姊妹、玩具,在那里,他最心爱的、最宝贵的一些对象,都被夺走了,都没有了,也就是说,在那里,他痛苦已极,眷恋之念苦恼着他。当然,神学的诡辩法可以依靠人的幻想力的全能性而当着死人面前施行种种的幻术,好像他们并没有感到死,好像他们并不因为失去其亲友而哀伤;但是,那尚未败坏的、还没有由于外貌与本质、真理与谎言之间的区异而变钝了的心,却并不因了神学的幻术和谎言而怀疑自己的哀伤是否具有真实性和神圣性。有真心的人,蔑视宗教上一切为了进行虚伪的安慰所臆造出来的种种理由;他们认为,对于所爱的死人,若想在其损失这一方面设法自慰,不感到这种损失是最摧心的,那就是对他不起;他们把哀伤当作他们供奉给死人的神圣的祭品。简言之,死是一种无可救药的祸患,至少,以神学的粪便为肥料,是长不出返魂草来的;因为,如果人们相信,安慰他们自己的,乃是宗教、信仰的力量,那么,这就只是自我欺骗而已;他们把只是基于自然原因的东西,妄加到上帝头上。这些自然原因就是:对死的自然性的隐秘的信念,关于死的不可避免性的表象,我们借以来解除我们的哀伤的眼泪和哭声,别人的劝慰,时间的流逝,日常

的业务,生活爱和自爱,性情和热情①。所以,因了否定性而非难
《论死与不死》,就无异于非难这本著作的论题,非难它缘何不探讨
个体的活,而要探讨个体的死。但是,对于一篇葬礼悼辞,能不能
因为它是一篇悼辞,从而没有提及生日的欢乐,就加以非难呢? 对
一个著作家提出超出论题范围之外的要求,不是很可笑的吗? 固
然可笑,但常常发生! 敏锐的批评家们,只是因为他们对《基督教
的本质》一书提出了超出其任务范围之外的要求,不是就从这本书
中作出极其愚蠢的结论了吗? 他们呼喊道:"那么,意识从何而来,
人从何而来呢?"多么愚蠢的问题! 难道人是与基督教一同产生的
吗? 难道基督徒就是最初的人吗? 难道基督教的产生——况且,
这种产生只是内在的,只是关乎心理学史的——问题,就是人类其
或世界的产生问题吗? 在基督教看来,人、整个世界的产生,就是
一个被创造的过程,就是源于上帝意志的导引过程。在《基督教的
本质》一书中,却完全没有这种导引过程。至于人的实在的产生
过程,自然的产生过程,如果以为它应当受宗教的制裁而不应当
受自然科学的制裁的话,那么,它就应当是各种前基督教的自然
宗教的事情。适宜于回答"人从何而来?"这个问题的地点,乃是
那包含有一系列论文的《宗教的本质》一书;在《宗教的本质》一
书中,讨论的是一切宗教,而不仅仅是基督教。可是,在这里,我
的任务又是什么呢? 是不是在于用理论上的奇迹,用幻想的、神

---

① 在这方面,我们有着一个十分鲜明的例子,即人们每逢遇到那些有着无穷多的
(其中一部分是明显的,一部分是不明显的)原因的事,总是以宗教或神性来推托。同
样地,"上帝"这个词,不过是求其简便,人们用以把现实中无穷多的东西总括为一,以
免很麻烦地逐一研究和陈述各项原因。——著者

智学的假设,用毫无意义的解释,用思辨的、不过以人的专擅和
无知作为前提的理由,来遮掩我们现在的知识的缺陷呢?决不!
我的任务,是经验的、历史的任务;但是,并不是就广度而言,而
是就深度而言,才是历史的任务。我的任务,只在于不再谈论自
己,而去谈论人类的历史,更正确些,是在于说明那在宗教中、特
别是在自然宗教中人类早已想到和做到了的。人产生自自然界
这一个问题,对于每一个稍微了解自然界的人来说,都是显而易
见的,并且,都是直接地可靠的;当然,任何一个人都不能够给自
己以特别周详的解释,因为,既然人和与他相适应的动植物界的
产生,是一件广泛的事,那么,这种解释当然自在自为地是不可
能的,是与问题的提法相矛盾的①。我为了说明人产生自自然界
所援引的根据,并没有任何独立的意义;这些根据,只是为了说
明和辩护那民众对于自然界的简单的了解在把自然界尊崇为人
类的母亲时事实上所已经表白了的。但是,自然界从何而来呢?
它是来自自身,它没有始端和终端;世界的始端和终端,乃是人
的表象。人,因为自己在一定的时间始和终,就也把这种表象从
自己移到自然界。

---

　　①　如果说人们觉得自己起源于自然界是不可领会的,那么,这只是因为他们疏忽
了在作为教育的产物的人与作为自然界的产物的人之间所存在着的一系列无穷多的
变异和媒介,只是因为他们把他们现在的本质与人的原始的本质同一化了。当然,说
军官、牧师、政府参议员、教授起源于自然界,是不合情理的;但是,我同样也不能直接
从母腹或婴孩时用嘴吮吸的乳头中导出我现在的头脑的内容。如果我们没有从别人
的口中和一定程度上从自己的回忆中知道,我们曾经是个小孩子,那么,我们同样也会
觉得成人的存在是不可领会的,从而,在解释成人的起源时,正像现在在解释原始的人
时一样,我们也要以神学的种种的奇迹,作为我们的避难所。——著者

对自然界所作的一切解释,总是已经以自然界作为前提。人们用演绎法由以推断出自然界的那个上帝,那个没有人所具有的一切固性的上帝,就其没有这些固性而言,不过是一个起源于自然界、由自然界导引出来的本质,这个本质,只是表现了自然界的影响、固性和现象①。所以,我其实并不像人们不加批判地归罪于我的那样预谋将人变成上帝,而是失策,只是因为我以基督教为基础,才这样做了;完全同样地,在那本关于宗教史的思想摘要②中,我也只是因为以自然宗教为基础,才把自然界变成原始的上帝。我并不打算用我脑中新孵出来的奇想,来增多已经存在着的无数的奇想;我之进行思维,只是基于启示,但是,并不是基于上帝——上帝只是人的意识的产物,只是人的幻想、反省和无知的产物——的启示,而是基于人的本性的启示。〈柏林的天启派哲学与这种基于人的本性的启示哲学之间的关系,犹如那些从妓院走到王墙街上的柏林妓女们身上的梅毒(见《柏林卖淫业及其牺牲》,1846 年,第 46 页)同天真烂漫的少女们的健美身体之间的关系,犹如超自然主义的淫乱之神秘的放荡同爱情的天然满足之间的关系,犹如在做淫乱之梦时所出现的遗精与交媾之间的关系,犹如中世纪诗歌的诗境与光学现象之间的关系。〉一般说来,旧的哲学与这种以

---

① 在我的《论死与不死》之一章(这一章,原先标题为"上帝",后来改为"死的形而上学的根据")中,以思辨哲学为基础,我已经很明显地证明了,那与作为有意识的、有意愿的、有人格的本质的人不同的上帝,不过是意味着和表现了自然界。这里起主要作用的本质或本体的概念,不是别的,不过是自然界的抽象的、形而上学的概念或说法。长篇大论,意思只有一个:意识以自然界为前提。我在这里以思辨的、也即迷雾重重的方式来说明的,在后面还要明晰地加以说明。——著者

② 指《宗教的本质》一书。——译者

感官的启示为基础的哲学①——如果也可以用"哲学"这个名字的话——之间的关系,就好比从文据和报告中所获得的对秘密司法的认识,与那以诉讼手续的公开性和口头性,也即以感官的真实性为基础的认识之间的关系。这种譬喻,决不单纯是譬喻而已。国家、哲学、宗教是同一的;因为,作为政治的、宗教的和思维着的本质,人是同一个主体。只要人把一个非人的本质、非感性的本质尊崇为他的最高的本质,尊崇为他的理想,那么,国家和哲学也就必然以否定人为其最高荣誉。只要人听任一个不可见的、抽象的本质来摆布自己,那么,他也就必定有一个管制他的不可见的、抽象的法官,也就是说,有着一个人格化了的思想物,一个唯心主义的悟性本质,这个本质,没有血和肉,没有眼睛和耳朵,只是深思各种事件②,设法把人统摄于法典的某一款下面。当人在哲学中只是以自己的抽象的理性之报告作为依凭,当他用迂回的文句来代替本质,用传统的概念来代替直观的原本,也就是说,当感官没有任何宗教上的和哲学上的意义时,这些感官,也就没有法权,它们也要被法官像践踏叫化一样地践踏。如果我是一个前后一贯的人,

---

① 〔这一种哲学,与思辨哲学不同,不是在基督教日耳曼的制鞋作坊的神秘的黑暗中,而是在赫得的光亮的《批判的小林》中,看到了自己的《奥罗拉》(Aurora)。条顿哲学家啊!去读一读赫得的《生活随笔》吧,接受这一个人类的祭司和预言家的洗礼,加入到感性的、属人的哲学中来吧。〕——著者。这一段注释及正文中三角括号内内容,见《费尔巴哈全集》第1版第3卷,第379页。注释中费尔巴哈用赫得来反对被称为"条顿哲学家"的波墨的神秘主义。波墨是一个鞋匠,主要著作是《奥罗拉,或朝霞》。《批判的小林》是赫得的著作。——俄文编者注

② 见安塞姆·冯·费尔巴哈:《论法学的公开性和口头性》,特别是第241—245页。——著者

那么,我怎能作为法官而来承认那作为哲学家的我所加以否认的东西呢? 也就是说,我怎能用我的法学上的理性来肯定那我不能使之与我的一般理性相调和的东西呢? 简言之,如果在宗教中,不是人,不是自然界,不是生命,而是圣经,才是真理的源泉,那么,在哲学中就也是如此,在法学中就也是如此。由此,来看一看,我们的通常的自由党人,乃是何等样人。他们在理论上诅咒无神论(无神论实在地当然是某种完全不同于在这些人的头脑中所是的东西。无神论不是别的,不过是原始宗教[urreligion]的恢复;但是,在这里,原始宗教已不是孩童式的幻想的对象,而是成熟的、成人的意识的对象。无神论不是别的,不过是感性与人道的宗教),但是,在实践时,也就是说,当涉及他们的利己主义、他们的钱袋、他们心爱的生命时,他们却又反过来诅咒有神论,也就是说,诅咒那认为秘密的、不可见的、无感觉的本质是真正的本质就是正义本身的那种信仰。因为,既然这样的本质是存在于天上,那么,就也应该存在于地上;天不过是地的原形:至少,对近代来说是这样,因为,最初的时候,地曾经是天的原形。所以,如果你们想重新回归到德国的各种法统,如果你们想以一种与我们现在的需要和条件相适应的方式来恢复它们,那么,你们也把外来的、洋气的基督教抛弃了吧,回归到纯德意志的宗教中去吧,以一种与我们现在的教育程度相适应的方式来恢复吧。但是,按照恺撒所说的,日耳曼人只把那些他们看到的本质尊为上帝:太阳和月亮,火和暴风雨。这样,他们的宗教就是自然宗教,是感性的宗教;在上帝信仰、基督教看来,他们的宗教,不是宗教。他们的宗教,曾经是现在"无神论"所是的和意愿是的。

——

再回过头来说！如果说我的这本初著确实应当因为其否定性而受到非难，那么，这只是由于它并不是专门地用黑格尔派哲学的精神写成的，而是一般地用思辨哲学的精神写成的。可是，思辨哲学不是别的，不过是厌世哲学，不过是禁欲主义，不过是理论领域中的僧侣风度。思辨哲学之本质，是精神与肉体、超感性与感性、永恒与暂时之二元论，只不过，这种对立，在这里表现为思辨性与经验性之理论上的对立。论到康德时，黑格尔惊呼道："难道应当设想，哲学之所以应当要否认超感觉的本质具有真实性，只是因为这些本质缺少感性的空间方面的和时间方面的材料吗？"[①]如果以为直观之被给与的材料以及表象的复杂的内容，相对于思维对象和概念来说，是现实的东西，那么，对这样一种见解加以拒绝，就不仅是进行哲学思维的条件，而且，也已经是宗教的前提；如果还是把感性的东西和个别的东西之倏忽即逝的和表面的显现当成是真实的东西，那么，还谈得上对哲学思维的需要和爱好吗？好一个僧侣气派的二元论！什么东西不是个别的东西呢？除了个别的东西以外，还有什么样的东西呢？个别的人，就他是一个单纯的个体而论，当然是无关紧要的；虽然成千上万的人死了，但是，哲学家在自己的概念方面，国家在自己的政权方面，都一无丧失。多，就是无

---

① 当然，如果只不过是现象学上的"现在"和"这里"才属于感性，那么，大家就必定会因了下面这件事而惊奇了：人们否认一个本质具有真实性，只是因为这个本质并不存在于这里和现在。因为，一个本质，如果缺少时间性和空间性的抽象范畴，那是没有什么大不了的。所以，在这一个场合又说明了，如果想不费吹灰之力超越感性，那么，只有将它的无穷的本质禁锢于一定的、有穷尽的种类或抽象范畴。——著者

关紧要,并且,造成无关紧要;随同量的递减,价值、利益、恋爱程度,也都逐渐地消减。同样损失一个孩子,有一双孩子的人比有一打孩子的人更加来得伤心。巴伐利亚有四百万人。在四百万人中,几百人、几千人,算得什么呢? 但是,如果我将我的减法加以扩大,对每一个单个的巴伐利亚人都加以概念否定,那么,怎样呢? 这样一来,还会有巴伐利亚的国家吗? 可见,个别的东西之成为无关紧要,只是当有别的个别的东西来补偿它的损失的时候。所以,只有假定随同第一个人的死整个人类都死尽死绝,假定没有别的人来接替他,那么,死才是证明了感性的、个别的东西的不真实性。但是,因为不仅有人死去,而且也总是有新的人生出来,所以,每一个新诞生的婴孩,都用他自己的哭声来证明感性的东西的真实性和永存性。当然,对于思想家来说,这种无穷的继续是很无聊的,因为,至少在他的思想中认为,永远只是同样的东西来替代同样的东西;所以,他暴力地中断这个无穷的系列,以概念的永恒性来代替生命的永恒性。然而,思想家没有考虑到,这种在他的思想中认为是(或者说,对于他来说是)"恶的无限性"的,在现实中(或者说,对于别人来说),却是很好的无限性;因为,只是由于有了这种无限性,他们才得以达到生存的欢乐。凡是在思想中认为是无聊的、不堪忍受的单调的东西,在现实中,就是一个用自己的殊异和新奇来吸引人的本质。所以,如果逻辑概念真的代替了"恶的"无限性而执掌世界的统治权,那么,世界就立刻要变成荒漠,在那里,我们遇不到有生殖欲和生殖力的人,所遇得到的,只是一些信仰上的或逻辑上的隐士,他们静候着世界的没落。逻辑概念是思想的贫乏对感性的取之不尽的财富之嫉妒;但是,这种嫉妒,却像寓言中的狐狸一样地聪明机智,把过错完全推到对象身上,将"我不能够"变成令人生厌的"我不喜欢",因为得不到葡萄,就说这葡萄是不可以吃的,是坏了的①。但是,正是那被逻辑概念除睥睨之外不屑一顾地挂于生命的葡萄架上的那些葡萄,却包含有使人心欢欣、人眼欢跃的质料。当然,如果我们想科学地掌握某一样事物,那么,我们就应当——在这一方面,逻辑概念是完全对的——把复杂的东西简单化,把伙多的东西回引到它们的统一性,对单个的东西——就其为偶然的东西而言——进行抽象,抽出其本质;但是,概念并不因此而成了一种自为的本质,并不因此而成了与感性的本质不同的真实的本质。把概念当成真实的本质,就无异于把手段当作目的,无异于用思想来代替事物,用形式来代替本质,用科学来代替真理,无异于颠倒自然的秩序。黑格尔说:"一个主要的误解,就在于认为自然原则或那在自然发展中或在自我形成的个体的历史中作为出发点的始端,是真实的东西和在概念里第一性的东西②。直观和存在,虽然就本性而言是第一性的东西,或者说,是概念的条件,但是,它们因而就不是那种自在自为地不受制约的东西,反之,在概念里,它们的现实性以及它们的作为起制约作用的现实的东西的映象,都自我扬弃了。"我们看到,自然的秩序怎样地在这里被颠倒,而通过这种颠倒,我们得到了双重的真理——自然的、历史

---

① 见《伊索寓言》,人民文学出版社 1957 年版,第 18 页;狐狸看见葡萄架上挂满了葡萄,想要取到,却又不能。在临走时,它对自己说道:"这是生葡萄。"——译者

② 那"在概念里第一性的东西",当然不是自然的始端,因为,正是概念,才自以为是第一性的,并且,颠倒自然的秩序;但是,不要忘记,这种颠倒只具有主观的、形式的意义。——著者

的真理与非自然的、逻辑的真理,二者彼此对立。对作为人的哲学家来说,直观是第一性的,而对于哲学或作为哲学家的哲学家来说,概念是第一性的;这也就是说,在现实中是发源的、第一性的东西,在哲学中就是派生的、最低级的东西,而反过来说,在现实中是最后的东西,在哲学中就是第一性的东西。哲学虽然也允许概念之生成,但是,这种生成是虚假的;因为,先于概念而进行的直观与感触之阶段,反而以概念为前提,它们本身已经是概念了,只是因为用匿名,穿便服而没有穿礼服的缘故。直观与感觉,只是概念的感性的外壳、形式、面具;概念并不是那有自我意识的感觉,并不是凝神的直观;不! 正像职责是一个与人的倾向和意向不同的超感觉的本质一样,概念也是一个与感觉和直观不同的独立的本质。思辨哲学家,正因为总是有概念这种第一性的东西在他面前飘浮着,故而从不想到要直观物体;即使他睁大了眼睛,他也还是只不过看到被实现了的概念;老实说,在他看来,整个世界只是他的逻辑学、教条理论或玄学的一个寓言。正因为这样,故而他也从不想读一下真正的创世记,因为,在他看来,概念是通过自身而存在的,是借自身而存在的;所以,无论何处,他都从概念中派生出概念本身从以派生出来的东西,即经验的、现实的、感性的东西。所以,一本用思辨哲学的精神写就的反对不死的著作,就必然是一本否定的、不够满意的、与人相矛盾的著作;因为,它把不死问题看作是一个自在的问题,一个与人毫无关系的问题;它肯定或否定不死,是以一般的、思辨的理由为出发点的,而正因为这样,它就没有给人以完满的解释和满足。在人里面,总是还剩有某种东西,当思辨哲学肯定不死时,它就起来反驳不死,而当思辨哲学否定不死时,它就又起来辩护不死。真正的、从而起和解作用的否定,只是这样的否定,它通过对对象物作发生学的解释来使对象物解体,它只是间接地否定对象物,而这样一来,就使否定只是无意的、势所必然的结果;这样一来,"不存在有不死"这样一句起否定作用的结论,就只是一句为了说明不死到底是什么东西所使用的否定的、粗鲁的语句,不死的虚无性,就只是它的本质的揭露,只是它的真情实况,而否定,就只是在于机敏地解开了一个谜。但是,一切本质、至少是"超感觉的本质"的意义,却都在人里面得到解明。所以,只有从人类学观点来解开不死之谜,才是透彻的,其结果才是与人相协调的。人类学以不死信仰的有限存在为出发点。一般说来,人类学认为存在是第一性的,但是,这里的"存在",并不是指在黑格尔逻辑学的意义下的那种借间接性的范畴表明自己与思维之同一性的"存在",而是指在人的意义下的"存在",这种存在,只为感觉所保证,这种存在,正像我在另一个地方所说过的那样,是存在的对象物,这就是说,只有当我存在着的时候,我才知道它。人类学很是谦虚,它承认,对于不存在的人,它什么也不知道;它承认,它对于人——一般地,对于物体和本质——所具有的一切概念和认识,都只是从他(它)们现实的存在中抽离出来的。至于人的起源,那它只知道,人比基督徒和哲学家年老得多,也就是说,人的产生,不可能是先天地由于基督教的创世说或某种哲学上的构思。这样,人类学就也坦率地承认,要不是它看到不死信仰现实存在着,那它就想也不会想到不死。因此,它就以这个信仰的有限存在为出发点;但是,它又从有限存在转移到这种信仰的本质;由于它凭经验知道,人们在信仰着,故而,它就要自问:他们信仰什么呢?可是,既然它从有限存在——只是以有限存在为基础——、从事实的东西转移到本质，那么，无意地或必然地，它同时也解释了这个信仰的有限存在，提供给我们以这种信仰的内在的、人类学上的产生史。既然它揭露了信仰的意义以及信仰的根据，那么，它也就正扬弃了信仰；因为，信仰的对象，只是还没有解开的谜，而并不是已经解决了的谜，信仰的对象，只是那在地平线之下或者在云的后面的太阳，却并不是那毫不遮掩地在我的眼前的太阳。所以，如果因为否定性而非难德意志的不信，并且，因此而预言法兰西和英吉利的不信的命运，那就是再肤浅不过的。德意志的不信，占有着信仰的秘密；它洞见信仰及其同伴——思辨和玄学的最后根据；它不是别的，不过是具有自我意识的信仰；它是实证的知识和意愿；它知道它所意愿的，并且，也意愿它所知道的；它不再是否定的，除非是在这样一种意义上，即谜的解开对于谜来说是否定的，光亮对于昏暗来说是否定的。

　　然而，在《从人本学观点论不死问题》这本虽然其基本思想是我毕生之成果，但是，却是在很短的时间中写就的书中，我却只限于说明最本质重要的几点。这样，我在第一章中就丝毫也没有提及，正是因为人们把他们对死人的哀悼献给死人，正是因为他们把那对他们自己来说是祸患的东西变成死人的祸患，从而把死表象成为一种凄惨的、不幸的状态，正是因为这样，故而，希腊和罗马的哲学家们的主要努力就在于证明，在死里面，一切感觉、从而也包括对祸患的感觉，都被扬弃了，而这样一来，应当致哀的或许并不是死人，而是仍旧活下去的人。但是，死是最坚决的共产主义者；它使百万富翁与乞丐，皇帝与无产者，都一律平等。在巴塞尔的

"死人舞"中,皇帝说:"现在,死已经制服了我,我不再像个皇帝了。"但是,在活着的时候,死已经革除了我一切贵族式的自负,用共产主义的思想来感化我。我不敢自夸占有一切关于死与不死的思想和反对死与不死的思想;所以,凡是我疏忽的,就可以由别人来加以补充,凡是我说得不好的,就可以由别人来说得更好一些。

———

最后,再来谈一谈我的《幽默哲学格言集》①。许多人也许要奇怪,这些格言究竟怎样适宜于关于死与不死或反对死与不死的思想。但是,事实上,它们的主题却正不外于这个。在当时,在我面前就已经浮现起那个只有在《从人本学观点论不死问题》一书中才加以周详地阐明的思想,只不过,我当时还是站在抽象的、即贵族式的、像远离流氓一样地远离感官的思维的立场上。我虽然想驳斥不死,但是,只是以实证的、间接的、不显著的方式——当然,在这一方面,那对于我整个著作家生涯如此有害的谨慎,也有着影响,因为,设或把我的那些不合法的思想直言不讳,那么,也许就要遭到没收了——从而,使得驳斥也许只成为次要的,在否定旧的、基督教的天上的不死同时,也许又肯定了另一种与人的现实的本质相同一的、对地持守信实的不死。全本书的精神,归纳起来只是这样:我的先生们! 你们意愿不死;但是,你们意愿的是精神的不死,在这样的不死中,你们不再吃喝,也许不再屈服于身体的需要。

———

① 1834 年费尔巴哈发表了《亚培拉和赫罗依斯,或作家与人》,是一部幽默哲学格言集。在这本书中他证明了肉体不死是荒诞无稽的,只有精神的不死。精神不死是因为人在这里、在地上创造着永恒的东西,譬如作家在他的作品中达到不死。——俄文编者注

我本人也赞同你们,我也不希望总是吃和喝,我还有别的需要;但是,我只是不明白,为什么你们只是在死后才期待这样的精神上的存在。在这里,这种存在已经恭候你们的命令。作为思想家的思想家,作为诗人的诗人,什么也不吃,什么也不喝;他纯粹是一个精神的本质;在著作时,与在死里面一样,灵魂与肉体相分离,精神与物质相分离。但是,如果你们觉得这种完全精神的不死太以抽象,太以贫乏,如果你们想要一个肥硕结实的不死的话,那么,就请离开缪斯①的庙宇,走进梦游病患者的病室或存放鬼怪信仰的古物的杂物间中去吧! 怎样才算是一个不良的著作家呢?那就是这样一个著作家,他除了著作上的、精神上的永生以外,还要求另外一种永生;他把他的灵魂与他的精神活动和精神影响割离开来,私自为自己的灵魂保留一个特殊的不死;一般说来,凡是不在自己所做的和所从事的事业中寻得自己的天堂的人,就都是无用之人。所以,"不良的著作家"不是别的,不过是不良的、无精神的不死——这种不死的结果,就是天国或幽冥——的人格化,而良好的著作家也不是别的,不过是真正的、富有精神的不死——这种不死的结果,就是艺术与科学——的人格化。只有这样来读我的著作,即觉得它好像只不过是真正的、有实力的不死的一个戏剧性的定义,只有这样,才能够恰到好处地领会它和评判它。

〈虽然如此,生命、感性、与"精神"或"著作家"相对立的"人",却最大程度地被贬抑,"人将灭亡!"被用来反对"著作万岁!"所有这些,不仅仅是我当时的观点的结果,而且,也起源于对象的本性,

---

① Muse,希腊神话中司文艺、美术之女神,共有九人。——译者

起源于我给自己提出的任务；因为，人的著作在人死去好久以后仍旧存在着，而正是这种对立，作为基督教天地二元论之属地的或著作上的对立面，才是出发点。只有爱，作为精神与身体、天与地、著作家与人之间的纽带，才来加以了结，就好像在《克塞尼》①的结尾诉诸作为神学之感性的、事实上的否定的爱一样。那么，这本格言集的这样的了结，是不是格言式的臆断呢？它是否得到论证呢？至少，与《克塞尼》的结尾同样程度地得到论证。"著作家"实在就是哲学家，但应该是这样的哲学家，他在混杂的听众面前朗读，他对自己的各种思想提出要求，要这些思想不仅是哲学学院的财产，而且，像空气和水一样，也是人之公产；他应该是这样的哲学家，这位哲学家，否定纯粹的、抽象的思想，使思想成为显明的、感性的，使思想通俗化，从而，间接地证明感性的必然性和真实性。那突然女人腔地出现在末尾、且起来反对精神的感性，不是别的，不过是哲学家的具体化了的和客观化了的感性，这个感性，被变成单纯的直观所能够达到的本质。感性的思维，必然在感性的本质中寻得其完成。一个处于自己的哲学幽静之中的人，如果不仅仅是为了自己个人或至少是为了自己的同僚们而思想着，而且，也为了别人而思想着，为了那些与他无关的人而思想着，那么，他就也必然达到了另一种与他自己不同的本质，而在这种本质中，他看到了自己的本质的具体表现。最后，他必然会用"我"与"你"的同一，也即用

---

① 克塞尼，警句和格言形式的短诗；最先是拉丁诗人马希埃（Mar'cus Vale'rius Martia'lis）这样来称呼他这种类型的警句；最著名的克塞尼作家，是歌德和席勒。费尔巴哈在这里把他自己的《讽刺性神学的两行短诗》称为"克塞尼"。——俄文编者注

为公主义来代替思维与存在的同一；思维与存在的同一，不过表现了思维与它自身的同一，从而，无论何时都在同一的、总是与自己本身同等的主体中对象化，似乎这个主体从未有过称谓——真实，可以简单地称之为绝对的东西，称之为上帝、"我"、本体；他用毫不暧昧的、爱人的感官之光，用哲学的真实性，用思辨和宗教，一般地，用生命的真实性，来反对迷信的哲学（因为，迷信的真正的本质，就是思维与存在的这种同一[1]，这种同一，乐意为一切谬见辩护，并且，在柏林天启派哲学的白热中，寻得自己的逻辑上的完成）。所以，那我已经在《幽默哲学格言集》和《讽刺性神学的两行短诗》中女人腔地、情意浓浓地表达了的，只有经过好多年以后，我才作为一个哲学家，一个思想家，也就是说，作为一个散文体通俗作家，来加以表达。这样，韵诗在散文之前。当然，这是没有什么奇怪的！诗人骑马而行，而散文家却徒步而行。诗人借助某个原理可以跳过一条沟去，而散文家却要架起"驴桥"才能通过去；无论如何，散文家总是要和各种各样的流氓无赖吵架，而诗人却可以骑着马用警句式的鞭打来制服自己的对手；追击诗人的人群，早就看不到他了，而这时，散文家却跑来同他们搏斗，为了奖赏他教导给他们的真理，他们朝着他扔泥块，特别是基督教的泥块。〉[2]

---

① 思维与存在的同一，至少在历史上是完全得到辩护的；如果认为它是对的，那么，它同样也成了主观的美学原则。但是，如果把这种同一绝对地看成是广泛的原则，那么，它就成了政治专制、宗教迷信和思辨戏法的原则。——著者

② 三角括号中的原文，见于 1847 年版全集本，第 3 卷，第 389—391 页。——俄文编者注

批判通常对不死观念，特别是民间的和古代的不死观念之解释

  正像各种的上帝信仰只有当被称为上帝的本质不仅使我们看到人的无知和幻想力，而且也使我们看到人的意愿和愿望时才会存在一样，不死信仰，也只有当它是一种愿望的表现，当它把死后存在描绘得一如所愿时，才会存在，才会被承认是存在着的。反之，如果死后生命令人感到并非所愿的，甚至是极其悲惨的，如果它同死前生命同样地令人可怕，如果它已经被死夺去了一切唯一使人的生命成为生命的东西，那么，（所谓的）不死，就只是戴上假面具的、经过掩饰的死而已，而"不死的精神"，也就只是人格化了的、被幻想表象成为活着的死人而已。关于这，荷马作了经典的启示。"已经逝世了的死人的灵魂"，仍旧还生存着；但是，很遗憾的！他们只是生存在死统治着的地方，在那里，没有光，也就是说，没有生命（而"活着和见到阳光"，是一回事），没有肉体，也就是说，没有"自己"，没有意识和悟性，没有力；可见，他们只是作为没有生存的生存，作为没有本质的幽灵，作为虚无的梦像而生存着。固然，他们也被称为灵魂，然而，在荷马那里，灵魂只是意味着呼吸，甚至意味着生命本身，而并不是这种在人死之后所留存下来的灵魂。不！死人的灵魂，只是死者活的时候的影像。巴特罗克洛斯的灵魂，最

明显地证明了这一点。他的灵魂，与他本人一般大小，有着同样的眼睛，同样的声音，甚至同样的服装。所以，在《奥德赛》(ⅩⅩⅣ，14)中和《伊利亚特》(ⅩⅩⅢ，72)中，直接地有"死人的灵魂、形象(影像、轮廓)"，同样地方(第104节)又有"灵魂与轮廓"；接下来，与这些灵魂意义相同的，又有："无知无觉的死人，安息了的、也即已逝世的人的形象"(《奥德赛》，Ⅺ，475)。荷马常常用"灵魂下到阴间"来说明死，也就是说，死去的一幕，例如："他的头颈断裂，而灵魂却下到阴间"。但是，我们决不能由此得出结论说："那我们在阳间认以为气息和生命原则，认以为动物性生命的原则的那个灵魂，死后将在阴间继续生存下去。"当然，在死去的一刻，随同吐出了最后一口气，灵魂也"从口中"或"创口中"飞逃出去，但是，它只是作为影像而进入阴间。

　　如果说，虽然如此，《奥德赛》中的这些没有本质的影像，还是会"飘游"和"颤鸣"，甚至"喧嚣"，那么，这并没有什么别的特殊的意义和理由，只不过是因为荷马显然将已经逝世的灵魂与一个梦或梦像，同时，又与烟雾或阴影，等量齐观的缘故。阴影、烟雾，只是梦像之具体化了的、被直观到的不稳定性。可是，只要没有本质的东西被幻想力表象成为在于人之外的本质，那么，显而易见，它就同时也会具有许许多多旁的感性的固性。故而，依孚梯的梦像不触动门闩上的皮带而进入彼内罗彼的房室之中，最后，又化作"一阵清风"而消失。所以，如果说，在《奥德赛》中，死人虽然是无知无觉的，但是，却被描写成为本质，并且，其中绝大多数，在享受到血液以后，又被描写成为会说话的、赋有悟性的、有悲伤和欢乐之情绪的本质，那么，请不要忘记，在荷马那里，梦中的幻象也会与做梦的人交谈，也会与做梦的人相互有行动来去,就好像它们是具有人格的本质一样。

———

　　基督徒认为,今世是对彼世的思念;反之,希腊人认为,至少,荷马时代的希腊人认为,彼世是对今世的思念。阿基里斯宁可在地上做个日工,不愿在彼世做一个统治无情的死人的君王。"不要因为你的死而悲叹哀伤",奥德修斯对阿基里斯说。阿基里斯回答他说:"关于我的死,你不要来安慰我。"这就意味着:不要想法使我信服,死也许并不是死,死人也许实在还活着,实在还在统治着,就像在活着的时候曾经是的和现在所忆想得到的那样。不要把阴影与形体、映像与本质混淆起来!那么,怎样能够将这种英雄式的对死亡的承认,充当宗教信仰上对不死的承认呢?怎样能够设法由死人的诗歌式的人格化中"榨出"死后灵魂的散文式的、现实的存在呢?但是,另一方面,又怎样能够将阿基里斯所发表的这种只是被诗歌放进正与活相反的死的嘴中去的议论,变成用来证明荷马关于已死者的状况之"惨淡的"表象呢?阿基里斯不仅仅伤感而已,他也还高兴,虽然并不是为了他自己,而是为了他儿子的荣誉;而且,他最为热心地调查自己父亲的状况。那么,为什么不由此得出结论说,在荷马那里,死人也还是幸运的——并不是因了他们是某一种天堂之主人翁,而是因了他们是自己亲友的属地的幸运之分享者——呢?

———

　　既然死后的人的灵魂——例如,《奥德赛》中爱尔彼诺的灵魂——,并没有得到什么别的照顾,不过在于尚且活着的人还想念到他,哀悼他,把他妥为埋葬,并且,还建造墓碑来述说他死前的显赫,也就是说,建造纪念碑,使他的后代也知道他的事迹和所受的苦难，那么，显而易见，就不应当在荷马那里寻找灵魂在彼世（不是在今世）、在暗昧的阴间（不是在明亮的阳间）中的不死的迹象甚或证明。

———

人企求得到一个不死的名望。但是，如果只是因为没有了生存和意识，人在死后就完全不能知晓他自己的名望，完全不能因此而增荣，就用对不死的生命的信仰来偷换这种对不死的名望的企求，那就是完全的误解了。一般说来，只有活着的人才心爱不死，至于已经死了的人，那就无所谓了。所以，不是死人，而是活人，才想到死这个问题，而在想到这个问题时，活人就感觉到有需要通过让他自己的名字、自己的事迹永垂不朽来补偿自己生命的短暂。对不死的事迹和不死的名誉的意向，只是起源于对凡人必有死之意识。荷马已经发现了和表述了这个意向之真正根据，首先，便是在《奥德赛》的佳句中（第 19 卷第 328—334 行）："赐给人的日子太少了！"但是，正因为如此——这是这里的中心思想——，在死后，他们同样也必需借一个好名望"企图来补偿生命之短促"。所以，奥古斯丁在他的《上帝之城》（关于罗马英雄塞伏拉、德西乌和库第乌的第五书）中说得很对。他说，因为他们的目的和目标也许只是属地的、而并不是属天的国家，只是暂时的、而并不是永恒的生命，所以，除了名誉之外，他们似乎什么也不能爱了，看来好像他们希望通过名誉而在死后继续活在颂扬他们的那些人的口中。

———

巫术、招魂术，历来就被看作是古代各民族的不死信仰之证明。所以，旧约圣经之解释者们很惊奇，在《旧约》中，看不到或很难看到古希伯来人的不死信仰，这种不死信仰，只有在讲述到恩多地方的招魂术时,才得到毫无疑义的表现;因为,"如果扫罗不相信撒母耳在他的肉体死了之后仍旧生存着,那么,扫罗怎样能够愿望召唤撒母耳的灵魂呢?"但是,就原始的或真正的意义而言,招魂术并不是表现或证明了那凭借肉体与灵魂之间的人为区分的对已亡灵魂的不死之信仰;反之,它只是表现了人对于他自己的愿望与需要之魔术般的全能之直接信仰。起初,只有当人陷于忐忑不安、恐惧、束手无策的时候,当他的命运、甚至他整个的生存,都决定于这顷刻之间的时候,也就是说,当他绝不认识和注意什么规律、必然性的时候,当即使是铁一般的死,也在他的极度恐惧、他的势所必具的自我维持意向之炽热中失去其非人的冷酷的时候,他才会想到以招魂术作为自己的避难所。

"死",爱斯启拉斯在一个片断中说道:"是唯一丝毫不为礼物、祭品、伶牙俐齿所动心的上帝。"然而,就是在爱斯启拉斯自己的《波斯人》一剧中,阿托莎因了她儿子薛西斯①的可怕的败阵,满腔悲哀地祭奠死神们,祈求他们放出大流士,以便让他来策划大事。而这样一来,大流士真的显现了,"为惊心动魄的申诉所感动"。

招魂人并不相信死人还活着;他只相信——虽然并没有明言直陈,但是,按事实情况而论,确实是这样相信着——,在重大关头时,人由于他的愿望之全能,即使是死人,也可以使他们成为活的。其实,基督徒也不过如此,他相信死人的复活,但并不相信死人的肉体已经生存着,他只是相信,属神的全能,确实能够用泥土重新造成他

---

① 薛西斯(Xerxes)为大流士(Dareios)一世之子,老居鲁士(Cyrus,der Ältere)之孙,波斯王,在位年代公元前485—465年。——译者

们，而且，只要时间一到，也一定会这样做。荷马认为，只有享受了血以后，死人才重新表现出生命和悟性之标志；喜爱明言直陈的罗马诗人们——例如，路康——认为，在热血的灌注和符咒的运用下，与自然规律相违背地，尸骸重新活转。在圣经中，并没有说"让撒母耳的精神（或灵魂）向我显现吧"，按照希伯来原文，字面上说来应该是"让撒母耳上来吧"[①]，就是说，让他从坟墓中，从死或死人国中上来吧[②]；因为，众所周知，古希伯来人与古希腊人有着相类似的关

---

① 见《旧约·撒母耳记上》，第 28 章第 11 节。中文译本作："为我招撒母耳上来。"——译者

② 在《约伯记》中，多次直接用"死"来代替"奥卡斯"（Orcus）——死人国或幽灵国。关于古希伯来人的各种观念，在这里，同样也要注意下面这一点，即在福吕格（Flügge）的《不死信仰史》（莱比锡，1794 年，第 I 部分，第 166 页）中已经说得很正确："希伯来人的幽冥（Scheol），只是死后不存在的状态之感性化。""生活方式"的映象之所以产生，只是因为死人通常只是丧失了特殊的生命表现和生命活动。然而，这里却有着种（Speciei）或部分（Partis）之提喻法（提喻法——是诗句上的一种用法〔譬喻或例解〕，以部分来表示整体，以包含物来表示被包含物。——俄文编者注），也就是说，在这里，种代替了属，特殊的代替了普遍的，部分代替了整体。所以，如果地方性的死被称为死人国、幽静国，那么，这种幽静，这种不再说话，就代替了一般地不再活动、不再思维和感觉，简言之，代替了不再存活。这样，奥维德也把死人称为静者（Silentes），而把死人国称为静者之所在地。此外，在好多地方，也爽直坦白地明言死人之不再存活或不再存在，例如，《诗篇》，第 39 章，14："在我去（到阴间）而不再存在之先"，《德训篇》，第 17 章第 26 节："死人，因为已不再存在。"如果由《以赛亚书》，第 14 章第 9—10 节中得出结论说，这里已把感觉归结幽灵，那么，同样也应该从前面一节中得出结论说，这里也已经把感觉给予树木；因为，与死人一样，树木也幸灾乐祸地感觉到现在骄傲的巴比伦王与它们一律平等了，"松树和黎巴嫩的香柏树，都因你欢乐，说自从你仆倒，再无人上来砍伐我们"。同样，在《约伯记》，第 24 章第 5 节："阴魂在上帝之全能前战兢。"在这里，怎样能够疏忽，与死人一起（在这里，假定不是把希伯来语的 Unter（在下面）当作前置词，而是当作副词，就像在上面引用过的《以赛亚书》，第 14 章第 9 节那里一样），海洋河湖及其居民也都战兢着呢？这样，在《诗篇》，第 77 章第 16 节："诸水见你，一见就都惊惶。"——著者

于死人及其居住地的观念。但是,虽然如此,这种死人还是实在的死人,虽然并不是像在我们的散文式的、断然区分表象与现实、"我"与对象物的意义当中那样的死人。由于这个缘故,就事情而论,不管我是从幽灵国中唤出灵魂,还是从坟墓中唤出死人,就都是一样的。同样地,就力量而论,不管我灌注给一个幽灵还是一具尸骸以生命,也都是一样的①。要做这两件事,都必定要具备有一种使不可能的事变成可能的事、使不可相信的事成为可以相信的事的力量②。但是,正如已经说过的那样,在原始的时候,人具有这种力量;当然,与成为职业的招魂术不同,只是在最最忐忑不安,最最千钧一发的时刻。扫罗对撒母耳说:"我甚窘急。"后来"那一昼一夜,没有吃什么,就毫无气力。"③所以,不管招魂人的

———————————

① 所以,诗人们很合理地将灵魂与骨骸同一化起来。"他从陵寝中召唤幽灵,从尚在冒烟的火堆中召唤尸骸"(底勃勒,Ⅰ,2,45)。柏罗贝底说道(Ⅱ,13,32):"一个小坛,容纳着我的幽灵,"我的灵魂,也就是说,我的骨灰。奥维德说道(Fast. Ⅱ,563):"在纪念死人的节日中,轻飘的灵魂和埋葬了的尸骸,四周游荡。"在同一本书中(Ⅴ,451),他又说道:"我埋葬了兄弟的幽灵。"即使在普林尼的《自然史》中(第11卷,37;第5卷,54),也是用幽灵来代替尸体,以便诽谤正教的灵魂。所以,格斯耐在自己的《普林尼文选》中关于这一点解释道:"在这里,用幽灵来代替死了的形体,是比较特殊的;因为,著作家们通常总是认为,那与肉体相割离开来了的精神,一直环绕着自己的这个形体飘荡着,直到形体安葬入土为止。也许,普林尼故意这样说,为的是指出,作为一个一心倾向于伊壁鸠鲁主义的人,他是怎样来评价 Dis Manibus 的。"可是,如果说,精神或灵魂在形体入土之先并不达到阴间,在形体安息于坟墓中之先并不达到安息(维吉尔:《伊尼阿歌》,Ⅵ,327),在形体达到规定之地之先并没有达到自己的规定之地,那么,显而易见,幽灵、灵魂与它们的尸体,是统一的了。——著者

② "她们的艺术,能够做一切看来似乎不可设想的事"(路康:《法萨利》,Ⅵ,437——关于帖撒利的招魂女们)。——著者

③ 前后二句话,分别见《旧约·撒母耳记上》第27章第15节和第20节。——译者

人格与苦痛，一味使他成为不死教条之可信靠的证人，那是多么的背理啊！

——

　　大家知道，关于垂死者，古希伯来人总是说他将要归到他的本民（或列祖）那里去。这样，就可以得出结论："由此可见，灵魂在死后并不是化为乌有，而是继续生存着；因为，正像欧利琴所说的，没有人会归到不存在的人那里去。"当然，这种"归到本民（或列祖）那里去"，是与死有区别的，正像与坟墓有所区别一样。例如，《摩西一书》①，第25章第8节："亚伯拉罕气绝而死，归到他的本民那里。他的两个儿子埋葬了他。"但是，同样也公开谈到死，例如，《摩西一书》，第15章第15节："你要平平安安的归到你列祖那里，被人埋葬"；第49章第29节："我将要归到我的本民那里，你们要将我埋葬"，而一般说来，这并没有什么别的意思，只不过是荷马所说的："死亡包裹了他，而灵魂下到阴间。""逝世"和"归到本民（或列祖）那里去"这两种说法，都意味着——死。然而，前者把死形容为单独的物理现象，而后者，却是把死形容为许多别的人——例如，我的挚友、双亲、祖先——所遇到过的事件，这样，死就不显得突然，从而，也就不显得荒诞。前者只是一种冷酷的、散文式的说法，而后者，却是一种富有诗意的、富有情感的说法。在前一种场合，我只是想到死，而在后一种场合，我却想到了那曾经活着的、现在我也还没有忘记掉的死人。"存在还是不存在"，——这在后一种场合不成其问题。在后一种场合，我只是把现在与过去，我的命运与

———

　　① 摩西共作五书：《创世记》《出埃及记》《利未记》《民数记》《申命记》。——译者

我祖先的命运,我的死与我祖先的死,相联系起来①。不管他们存在与否,他们总是先我而死,而我后他们而死;他们走在我前面,我跟随着他们②;当我还活着而他们已死了的时候,我就与他们分割开来;当我自己也死了的时候,我就把活人与死人的这种分割扬弃了,使自己与已经死了的人联合在一起。

被放逐的奥维德在他的《哀歌》中请求道:"至少请把我的遗骸带回祖国,这样,在我死了之后,我也许就不再是一个被放逐者了。"可见,人也愿望在自己死后存在于自己的同乡那里,或者,安息在自己亲友安息着的地方。然而,虽然如此,他并不因此而归给自己或自己的亲友以生命。他不过企求自己被安葬在自己所心爱的地方,以便在自己死后,也提供证据驳斥肉体与灵魂之令人讨厌的分割。在圣经中,雅各在说了"我将归到我的本民那里去"以后,就直接企求说:"你们要将我葬在与我祖我父在一处。"③即使那些不像希腊人和罗马人那样地把坟墓看作"永久居所"的基督徒们,也说道:"活着婚姻相联,死了坟墓相连",或者:"精神一直是在主内合一的人们,坟墓也不会把他们的肉体彼此分割开来。"④

---

① "我并不比我的父亲更差一些;因为,我的父亲也曾经必然要死去"(许载:《古德意志人关于死后灵魂的状况之概念》,1750年,第89页)。——著者

② 在罗马的墓志铭上明言说:Nos eo ordine, quo Natura permiserit, te sequemur. (我们以自然所允许的秩序跟随着你。)Joh. Kirch mann; de Funeribus, Rom. 3, 9. ——著者

③ 见《创世记》,第49章第29节。——译者

④ 见 Corp. Jur. can. de jure funer. etc. Decr. Sec. P. Causa 13. Qu. 2. c. 2 和 3。反之,圣奥古斯丁却把他母亲想与她丈夫葬在一起的愿望看作是一种非属神的愿望,从而,当她在临终时放弃了这个属地的愿望时,奥古斯丁就感到无比的高兴(《忏悔录》第九卷第11节)。——著者

不过,这种对"公坟"的企求,并不是一切人都具有的;有许多人,即使在死里面,也不愿意与别人来往,为了表明他们的不死的固执,他们甚至在自己的碑文上诅咒别人的尸骸与他们自己的尸骸之相混杂。不死的灵魂,是多么地依恋自己的骨头啊!毫无疑问,上帝之保护骨头,不亚于保护灵魂(《诗篇》,第 39 章第 21 节),没有一根小踝骨会毁灭,到了世界末日,慈爱的上帝如此完全地恢复了一切关节和骨头,好像它们从来没有被毁损过[①]。哦!现代自然科学的唯物主义,与宗教的和唯灵主义的唯物主义——这种唯物主义,甚至信仰人骨之不死,并且,在天主教的教义中,甚至把"圣骨"当作宗教尊崇之对象——相比较,乃是多么地贫乏可怜啊!

———

根据琉西安的《论忧伤》,希腊的老百姓信服荷马、赫西俄德和别的神话诗人关于死人国的诗意的描写之真实性到这样的地步,以致他们放一个欧波(Obolos,一种与我们的芬尼相当的铸币)到死人嘴中,以便能够有钱渡过阿刻纶河[①]。但是,在我们这里,各种各样的学者——例如,人种学家、语言学家、神学家,甚至,哲学家——,在今天还是把诗歌当作历史,把梦想当作真理,把死人的影像当作现实的、不死的本质,在今天,还是在阴间的痛哭之泪流中,在斯提克斯河[②]的这些水流中,也即在对死亡的恐惧之流露

———

① 见 Joh. Gerhard;Loci Theol. de Resurr. ,§11.3;de Morte § 174。——著者

① 希腊神话中冥土之河名。——译者

② 同上。

中,看到永恒生命之源泉①。他们没有考虑到,死人带下去的芬尼,也与下到冥府中去的灵魂一起,为自己要求有不死之权利,而芬尼的灵魂——价值,也与人的灵魂一样,死后在彼世继续存在。

——

　　"认为人对于不死的天然意向会唤醒关于未来生命的观念,是不正确的;因为,野蛮人虽然具有不死观念,但是,却没有对超越坟墓之外的不死的意向。"如果他们实在没有这方面的意向,那么,这方面的观念,也就不会具有不死之意义,虽然人们很想使它具有;那么,这种所谓的不死就不是别的,只不过是他们对于死究竟是什么的无知之幻想的表现;那么,他们之在死后继续活着,只不过是因为他们不知道,他们是死了的;那么,他们只是幻想自己还活着,虽然真的是死了,就像许多民族公然信仰和主张,"即使是死了的人,在坟墓中也还能够吃和喝"②一样。每一个观念,都要求有根据、对象、材料。但是,不死是这样的一个观念,这个观念的根据和对象,只是意向或愿望——愿望活,从而,也即不愿望死;因为,原始的、不假的、基于人的本性的——至少,当他没有丝毫原因来诅

——————————

　　①　除了火流(Pyriphlegethon),至少在荷马那里,火流还没有神秘的意义,这就是说,它还不是专用来除去灵魂上面的属地的渣滓,而是像亚波洛多(Apollodor)在他自己的片断中所指出的那样,它的名字来源,只是那焚毁柴堆上的死人的火焰——之外,存在于阴间的河流的名称是:阿刻纶(Ache-ron,来自 Achea,意即悲痛、哀伤)和郭基多(Kokytos,来自 Kokyo,意即哭泣、号咷)。这个郭基多,在荷马那里,是阿波洛克斯(Aporrox),意即撕下来的一块,是斯提克斯河的出口。斯提克斯(Styx)来自 Stygno,意即憎恨、嫌厌、畏惧,不过,带有惊怕的意思。神灵们用斯提克斯河的名字来发最神圣的和最可怕的誓言,因为对列神灵们、不死者们来说,死就是他们最大的敌人,是他们所最最憎恨、最最嫌厌的。——著者

　　②　根据格欧基(Georgi):《俄罗斯》;见西蒙(Simon):《死后灵魂永生之信仰史》,海尔布隆,1803 年,第 158 页。——著者

咒生命的时候——不死愿望,正在于此。所以,没有这种愿望,不死就没有了根据和基础,没有了目的和意义。"不死意向,至少以某种关于未来生命的模糊的观念为前提。一样东西,如果你丝毫没有关于它的观念,那么,你也就不会感到对它的意向。必须有关于不死的观念作为前提,这样,这方面的意向才会被唤醒。反之则不然。"然而,人连关于未来生命的最模糊的观念也没有;他只具有关于现在的今世生命的观念;在开始时,在刚出生时,他认为今世生命是唯一的、全部的、永恒的生命,也就是说,是没有终端的、或至少不应当有终端的生命。然而,非常扫兴的,死却使它暴力地中断了。所以,除了在死后继续它——现在,当然只是他自己这样打算,也就是说,只是在他自己的思想中——以外,他还能做些什么呢? 可见,他并不像误会和笨拙所主张的那样,在现在生命的影像之下表象未来的、未知的生命;反之,他是把死前的生命表象成为在死后仍旧继续下去的生命。原因正因为在一开始时,在经验驳斥这种想法以前,正像前面说过的那样,他认为今世生命是全部的生命,是永恒的生命。先是人里面的意向说道:"我要活,我不要死",然后,幻想才把这个愿望加以实现,而悟性由此得出结论说:"这样,我就必然活,必然是不死的,因为,意向是不会欺骗的";这样一来,就使意向或愿望之感情上的必然性,成为合乎逻辑的或形而上的必然性。

————

　　中国皇帝(或王)盘庚在《诗经》——中国人的圣书之一[1]——

————————————

　　① Le Chi-King,par Gaubil,revu et corrigé par M. de Guignes,Paris 1770;Part. 3. Ch. 7. Sect. 2.(《诗经》,郭比尔译,德·居以尼校,巴黎,1770 年,第 3 部分,第 7 章,第 2 节。)——著者

中说道:"如果我的大臣们想为自己积集财富,那么,他们的祖先就要告知我在天的先帝——盘庚指他的祖先成汤,商朝开国元君——,并对他说:惩罚我们的子孙吧。我在天的先帝就要满足他们的请求,用各种祸患来加害于你们。"关于这,译者注释道:"可见,中国人也不像许多欧洲人所相信的那样认为灵魂同肉体一起毁灭,而是认为灵魂在死后仍还生存着。"何谓"灵魂仍还生存着"呢? 没有附带说明地点和特性的生存,算得什么呢? 这样,死了的中国人的灵魂,怎样生存呢? 在什么地方生存着呢? 是在那他们在死前曾经生存过和活动过的地方——中国,只是中国。但是,怎样生存呢? 是不是像活着的中国人一样地生存呢? 不,他们只是作为死人,作为精神而生存着。所以,中国人把纪念死人的木牌叫作"神主",意即精神之居所。他们作为精神而生存着,这就是说,他们只是在活着的中国人的精神中,回忆中,情感中,虽死而不变的尊崇中,生存着。只有这种依凭尊崇的存在,才是死后灵魂之适合于中国人心愿的存在。"除了愿望自己死后能像自己尊崇祖先一样地受到尊崇以外,中国人在自己生活中未必再有什么别的愿望会如此强烈。"① 由此可见,正确说来,在中国人那里彼世与今世之差别,仅仅在于在彼世,人们由"我"变成对象,由主动态变成被动态,由为别人服务和尊崇别人的人变成受人服务和被人尊崇的人。

　　"但是,已死中国人之灵魂,终究还实在是生存着的;因为,不然的话,这些灵魂怎样还能够来干预活人的命运和行为——例如,成事和坏事,惩罚和酬报——呢?"一个人,如果只是在考虑别的生存

---

① 迈涅尔斯:《宗教批判通史》,汉诺威,1806 年,第 1 卷,第 319 页。——著者

者的康乐与苦痛、德行与恶习之中度日，那么，他正由他并不具有为了自己的生存，只具有为了别人的生存这一点来证明，他之在死后继续生存，并不是为了自己的，而是为了别人的利益与利己主义。事实上，只有人的利己主义，才甚至于不让永久安息者得到安息——从死亡中被唤醒过来的撒母耳，对扫罗说："你为什么搅扰我"①，也就是说，使我不得安息呢？——甚至于为了尘世的财产而乞求死人；甚至于为了服务于自己的目的和愿望而把尸体从坟墓中运用妖术呼唤出来甚或掘出来；甚至于用充满着烦恼的血缘的枷锁把已经逝世的灵魂束缚在地上；甚至于让超脱苦痛和欢乐的灵魂或者是由于无终了的爱而永远欢乐，或者是由于无终了的、不可调和的憎恨而永远苦痛。

　　况且，认为后代之幸与不幸依赖于祖先的好意或恶意的那种信仰，还包含有完全合乎理性的意义。这就在于：一个人，如果是以他的聪明而德高的祖先为模范和榜样，那么，就成为幸运的；反之，就成为不幸的了。所以，孔夫子说道："敬重死人，效学父亲，这样，人民就将用信实的爱来归附你。"②在《礼记》中说道："如果你准备做不善之事，那么，只要考虑到这样将会辱没你的父亲和你的母亲，你就会打消你的企图。"③但是，正像希腊人把他自己良心上的悔恨——如果他忘记了给死人以应得的葬仪荣誉的话——变成

---

①　见《撒母耳记上》，第 27 章第 15 节。——译者
②　萧特（M. Schott）：《中国先哲孔夫子文集》，第 1 部分，哈勒 1826 年版，第 1 卷，第 1 章。——著者
③　威廉·冯·考尔曼：《中华帝国》，加塞尔，1853 年，第 1 卷，第 499 页。——著者

死人本身之不得安息一样，中国人也把自己因为没有能够效学父
母和祖先而作的自我责备，变成出自父母和祖先本身的训诫。

———

只有当那在死后被表象成为是生命的东西，是人的认真追求
的目的时，也就是说，当他明白他用他自己的不死所意愿达到的，
且意愿用他自己的不死达到他所明白的时候，才有实在的、真正的
不死信仰。反之，如果他放弃了一切特定的表象和影像，只是固执
地认定自己无论如何总是会在死后继续生存下去，那么，不死信
仰就只具有否定之意义，只是以摒除关于死的思想作为其目的，
以免死破坏他享受生命之乐。一个因为想到自己不是永远活下
去而丧失了现今生活之意义和价值的人，如果去信仰他自己的
不死，那就做得很对，很正确。只是因为有暂时的生命，只是为
了抵制它的如此可怕的短暂——当然，只是在表象中认为是短
暂——，人才为自己设想永恒生命。至于这种永恒生命实在是
否存在，却是无关紧要的；主要的只在于它被人信仰着。一个毕
生信仰永恒生命的人，即使对于他自己来说，也未必犯了什么错
误；因为，既然他的信仰与他的生命同归于尽，而他的意识，同样
也与他的生命同归于尽，那么，他也就意识不到自己的不存在，
也就是说，意识不到他信仰之反面。所以，一个为了维持自己的
悟性和健康而能够、意愿、或宁可说应当信仰永恒生命的人，就
让他以上帝的名义来信仰吧。但是，要他同时也让别人具有正
相反的信仰，而且，即使他们只给不死信仰——作为对某种未定
的和未知的死后永生之信仰——以一种医学上的或合乎卫生的
意义，也不能把他们定罪。

———

　　赖恩候特在他的论康德哲学的书信集第一卷中指出:"很奇怪的,正是自从笛卡儿已经最最本质重要地阐明了关于灵魂的精神性之合理观念,从而,似乎已经完成了对不死的论证起",不死却陷于怀疑,或至少是遭到一些最聪明的哲学家的冷淡。很正确的,他寻找出这种怀疑或冷淡的根据在于:在以前,单纯性虽然与复合性区分开来了,但是,还没有与广袤区分开来,"也就是说,认为灵魂是占有一定空间的东西,一定程度上把灵魂表象成为扩展了的本体。可是现在,单纯本质之观念,由于丧失了广袤,也就丧失了直到现在它从感性那里得来的最后支柱;因为,现在灵魂不再能够没有矛盾地被设想成为某种占有一定空间的东西"。但是,在失去这个最后支柱的同时,不死也失去了它最后的意义,而只有最后的、终了的意义,才是决定性的、真正的、名列第一的意义。精神的不死,只是华而不实的词句;真正的词句,真正的意义,是人的不死,是作为一个感性的、有形有体的精神本质的人的不死。所以,在基督教里,不死的真正的、最后的意义,也并不是灵魂或精神之不死——这种不死只是初步的——,而是复活,也就是说,扬弃掉灵魂与肉体之暴力的、不自然的割离状态,重新恢复完整的、现实的人[①]。但是,既然

————————————

　　① 　根据基督教,至少是古代的基督教,死后有两种不死状态,或者,说得更正确些,有两种福乐状态。一种是没有肉体的灵魂的状态,到大审判为止;而另一种,是与肉体联在一起的灵魂的状态。只有后一种,才是完全的福乐状态。可见,逝世了的灵魂,也渴望与肉体合而为一(见 J. Gerhard, Loc. Thl. de Morte, § . 307)。在基督教的形而上学中,直接把处在形体之外的灵魂的状态,称为不完善的和暴力的状态(见同一作者:de Resurrect. Mort. § . 50)。——著者

空间、地点是人生存之本质重要的条件——因为，没有空间方面的立足点，他也就不会有什么精神上的立足点，支点和集中点——，那么，就也是他未来生存之本质重要的条件是他对未来生存的信仰之本质重要的支点。如果我不知道我将存在于哪里——天堂或地狱，地的上空或地的底下——，那么，我对"我将存在"一事将作何看法呢？只有我生存的地点，才是我生存的确定性，才是我生存的意义和理智。"我是什么"，要依赖于"我是在哪里"；不管在今世还是在彼世，都是如此。因为民间和古代的信仰是人性之非造作的表现——当然，是站在人类之民间的和古代的立场上——，所以，这种信仰中的彼世，完全不像现代乐极生厌之辈的彼世——他们不能放弃掉彼世，但是，却也不愿意对它有所了解——那样是某种"超感觉的"和"未知的"东西。那个时代的彼世，是感性地确定的，是感性地现存着的，就像我头上的天——这是基督教中福乐者们的居所①一样，就像太阳、月亮和星星——许多民众，甚至许多

---

① 当人凭经验信服，他将彼世安置其上的那个地点，并不与今世有所差异的时候，当彼世是否存在于所揣测的地点成了一个疑问，甚至，一般地，是否存在有彼世这个东西成了一个疑问的时候，人们当然就尽可能地使彼世远远地避离俗眼，不承认彼世存在于这个或那个地点，然而，并不因此而否认它存在于某一个地点。大家知道，希腊人的"极乐世界"，就是这样。所以，泰坦神族的天堂位于巴亚泰岛，靠近特美哈尼-乌瑞那山，"但是，在更高的地区，这样，就不被一切会死的活物的眼睛看到"（《外国》，1843 年，N.241）。在基督教中，也是如此。首先，视力所及的天，是神与福乐者们之居所。可是，接着便把天分为好几层，而只有最高一层天，即那个对属地的眼睛紧闭着的，但因此却自在地、或者在飞升的时刻可以见到的——"我看见天开了，人子在上帝的右边"——天，才被规定为如上所述的地点。教父和天主教神学家们称这最高一层天为 Empyreum，把它描写为不可度量地高和不可度量地大。但是，正是因为不可度量地宽大，所以，一方面，正像巴黎的威廉所说的，它证明了上帝之无穷尽的能力和庄严，

哲学家，都把它们看作逝世了的灵魂之所在地——一样。虽然它
在空间上不是现存着的，虽然它对于我的与"此地"相联的感官来
说具有彼岸性，然而，一般地，它对于感性世界却具有此岸性。它
就好比荷马的"极乐世界"，——并不是在世界大川俄西阿那斯河
之彼岸，而是在此岸。它又好比不列颠或靠近它的一些岛屿，——
好多世纪以来，北欧人一向把这些地方看作是逝世了的灵魂之国

而另一方面，它又满足了人之想占有和统治大块地域的强烈愿望（Hieron. Vitalis；《数
学、天文学、几何学辞典》，巴黎，1668 年）。既然这样，有谁能够因为天主教教会的元首
牢牢地执掌世俗的统治权而加以责备呢？他的这个属地的企求，不是起源于属天的彼
世吗？新教的——至少是路德派的——神学，并不肯定天堂之地点，不过，也并不因此
而否认它存在于某个地方。天堂是这样，地狱也是这样。天主教教义将地狱安放在地
中，甚至使它成了宇宙之中心，也就是说，使它成为地球之中心。所以，天主教教义之
中的地狱，不仅仅是信仰学说中的一条，而且，也是像上面援引过的那本辞典那样的数
学和天文学辞典中的一条；因为，作为地球之中心，地狱是进行天文学观察所最适宜
的地点，如果没有地球的密度从中阻碍的话。并且，真正说来，地狱也应当存在于每一
本地质学的手册中，因为，火山的喷火口，正是地狱的入口，而火山的爆发，或者是永恒
的地狱火之实在的喷出，不然，就是它的可怕的威力之可资借镜的序幕和实例。反之，
新教的传教人完全不知道地狱在于哪里，他只是坚信不疑，在某一个地方存在有一个
地狱。例如，J. G. Baier（Comp. theol. Posit. Lips. 1717, p. 368）说道："想在短暂的今生
中寻找或确定地狱的地点，是一种无益的好奇心。可是，毫无疑问的，被咒诅者们，必
定有一个一定的地点为他们预备着。"在 J. F. Buddeus 的 Comp. Instit. Theol. Dogm.
lib. 2. c. 3. §. 17 中，也这样说。他们同样也坚信不疑，永远的地狱惩罚之火，是"实在
的、真正的、物质的、有形的火"，虽然他们不敢更进一步确定其性质。他们坚信不疑，
一般说来，地狱不仅仅是灵魂的极度折磨之概括，而且，也是形体的极度苦痛和感官的
极度损伤之概括。简言之，他们坚信不疑，地狱不仅仅有恶火烧人，而且，也有苦味让
人尝到，有臭味让人嗅到。所以，新教徒称地狱为最最污秽的居所；在上面援引过的
那本天主教的辞典中，称地狱为最最卑劣的地点，似乎是宇宙之阴沟或厕所。我必须
趁此机会再一次呼喊："哦，科学的唯感主义和唯物主义，对于那甚至信仰人的粪便
之永恒性的宗教上的唯物主义或唯灵主义的唯物主义来说，是多么地贫乏可怜
啊！"——著者

土。它又好比离开日没处①很远的国土、越过安第斯山脉的土地以及欧洲人居住的地带，——北美野蛮人、巴西人和俄连诺科河上的印第安人，都分别地将他们的彼世安置在这三个地方。西印度群岛的黑奴们，甚至自己杀死自己，"希望能够立刻又在他们以前的祖国中起死回生"。确实，这种什么话也用不到讲的行动，把彼世之狡猾的黑暗放进今世之最明亮的光线中。

——

大家知道，在古代各民族——现代也还有好多民族是这样——那里，同死人一起葬到坟墓中去或在柴堆上烧掉的，甚至还有衣服、武器、饰物、动物、奴隶、女人，简言之，有一切活着的时候死人所喜欢的或必不可少的东西，以便使他们在死中也能够享用这一些东西。据第欧多（Ⅴ，28）记载，加拉太人甚至把致他们已死的亲戚的信同死人一起抛进火中，以便让他们读到。这些东西，这些信，不是既明显而又毫无矛盾地证明了，在尚活着的人们的表象中和信仰中，死人还是实在地和完全地活着的吗？是的。但是，它们同样也毫无矛盾地证明了其反面；因为，伴送死人的东西，也与死人同归于尽。当然，读信的人，是活着的人，是有悟性的人；但是，能够读烧毁了的信的，却只有烧毁了的脑袋。只有不再存在着的人，才穿上不再存在着的衣服，拿了不再存在着的武器；只有死人，才喜欢死了的女人和奴隶。给各人以与各人相配的东西吧：活人——活的东西，死人——死的东西！所以，那在表象或幻想中认为是活的证实的东西，就事实而论，乃是死的证实。

---

① 指西方。——译者

此外，关于已死的人"将在灵魂国中享用到"与他们一起埋葬或烧毁的东西的那种表象，当然不能成为所以要用死人所喜爱的或必不可少的东西来伴送死人这样一个风俗习惯的理由，而只是对这个风俗习惯的一个解释。毫无疑问，这个风俗习惯的首要理由，只是在于对死人的尊崇；只是在于害怕去触碰死人以前极其宠爱的，现在似乎还为他的精神、他的利己主义所占领着的所有物；或者，也可能在于爱，这种爱，出于由心爱者的死而引起的悲哀和抑郁，不愿意让所有物超所有主而存在，不愿让狗或鹦鹉超人而存在，不愿让奴隶超主人而存在，不愿意让女人超男人而存在。有多么多的妇女和奴隶，自愿地，也就是说，出于爱——虽然也许不止这一个理由——，同他们的主人和她们的丈夫一起跳入熊熊之火中！

至于那为了迎合讨好死人而不仅杀死其所爱的或亲近的活人，而且也杀死所有一切只要是活着的人的那种风俗习惯，则大家知道，它只是基于这样一种信仰或迷信，即认为只有活人的血，才能够缓和死人的坏脾气。但是，如果死人实在还活着，甚或过着一种更好的生活，那么，他们为什么要发脾气呢？为什么他们由于死而变恶了呢？"然而，为了能够发脾气，他们就得仍旧活着。"是的，他们仍旧活着，但是，只是在这样的范围内，即为了因丧失生命而发怒所必需的；是的，他们仍旧还感觉着，但是，这只是为了感觉到由于他们感觉不到什么或至少感觉不到什么好的、令人愉快的、值得感觉的东西而引起的痛苦。柏罗贝底说道："幽灵终究还是某种东西，死并没有用自己剥夺了一切。"他说得很对。死还留下一些东西。但是，它给幽灵、死人留下的，只不过是对他们自己的死人式的存在之深哀或盛怒。在《约伯记》（第 14 章第 21 和 22 节）中也说道："他①儿子得尊荣他也不知道，降为卑他也不觉得。但知身上疼痛，心中悲哀。"

———

死人之所以是恶的，乃因为死本身就是恶的，乃因为它夺去了人的生命，最深地破坏了他的自爱，他的生活意向。首先，非自然的夭折就是这样。所以，有这样的话："用死来补偿死！给罪行以罪行，给尸体以尸体！"在奥维德的《变形记》②中，阿尔苔雅就是这样喊的，——当她决定"用血来宽慰血友之魂"，决定用杀死她的弟兄们的她的儿子的死来申雪和补偿他们的死的时候，这样喊着。所以，为了表示要为朋友巴特罗克洛斯报仇，为了对他的死表示愤慨，阿基里斯杀死了十二个特洛伊青年。为了证明，在阿基里斯看来，这种愤慨决不是单方面的，决不是主观的，反之，死人本身也因为自己的死而大怒特怒，——为了证明这个，阿基里斯在勒死他献给巴特克洛斯的活祭的前后，欢呼道："高兴吧，我的巴特罗克洛斯，虽然是在地府，也仍旧高兴吧。现在，我为你完成了一切我自幼立誓要完成的事。"③可是，阿基里斯并没有说："接受我的敬礼吧"，或者，"我向你致敬"之类的话。所以，北美洲野蛮人千方百计地折磨俘虏，"这样，可以宽慰他们的殉难战士们之盛怒的灵魂"。所以，暹罗人认为，"死了的孩童和产妇之灵魂，被淹死的、被杀死

———————————

① 指死人。——译者
② 见奥维德：《变形记》，第 8 卷，第 483—484 行。——俄文编者注
③ 见《伊利亚特》，第 20 卷，第 179—180 行。——俄文编者注

的人和被处死刑的人的灵魂,是一些恶的精神,如果不设法以强力驱逐它们或缓和它们,那就必定会受害不浅"。但是,在起始时,在人看来,只存在有非自然的夭折;即使是自然而然的死,也是一种应当用血液——虽然只是搔裂面颊和胸腔的血液——来补偿的被杀害,甚至是一种被暗杀;因为,死只能用一个隐藏的、故意作恶的、与人为敌的本质来解释。所以,在起初时,死并不是不死之获得,而是不死之丧失,人之忍受这种丧失,绝非其所愿,而是违背他自己的意志的,只应当归罪于魔鬼的恶意——在以后神学的解释中,却说是应当归罪于他自己的意志——。在《所罗门的智慧》一书中,关于暴君说道:"上帝造人,是要人永远活着。但是,由于魔鬼的嫉妒,世界上就有了死。"异教徒们在因为心爱的人死了而满腔愤慨的时候,甚至于对着神灵们发出最最严厉的怨言和责备,甚至于亲手摧毁他们的祭坛,用石头扔他们的教堂。基督徒们讥笑异教徒对神灵们所发作的这种在基督徒们看来既非属神的又非合乎理性的愤慨;但是,在这里,又合了这样一句格言:"为什么看见你弟兄眼中有刺,却不想自己眼中有梁木呢。"[①]因为,这种对上帝们的责备——不管是用石头还是用言语——,除了是人的内心为了死的缘故而一般地对上帝之存在采取异议以外,还是什么呢?其意义是什么呢? 只是这样:如果你是一个上帝,那么,救人脱离死亡,不再使人会不存在吧。只有这样,你才证明你实在是你所扬言是的——一个上帝,也就是说,一个无比善良和有无比威力的本质。可是,虔敬的基督徒们,难道不也是这样来责备他们的上帝

---

① 《新约·路加福音》,第 6 章第 41 节。——译者

吗？他们不是也对他们的上帝说："如果我们不是不死的，那么，你就不是上帝了"？而且，即使他们没有这样说，那么，至少他们不是有这样的想法吗？他们不是由上帝的威力、智慧、公义和善良中归结出他们的不死吗？可见，如果没有属人的不死，那么，也就不会有属神的威力，不会有属神的智慧，不会有属神的公义和善良。但是，一个没有这些属神的性质——或者，完全同样的，属人的性质——的上帝，又是什么呢？①

---

①　例如，提奥多理说道（Epist. ad Corinth. XV, 34）："在这里，使徒（指保罗。——译者）很聪明地主张，凡是不信仰复活——但是，复活却正是真正基督教的不死的人，也就丝毫不了解上帝；因为，凡是自称了解上帝的人，也就信仰上帝是公义的。可是，那我们在今生之中寻找不到的因果报应，却是属于公义范围之内的。所以，凡是承认信仰上帝的人，也就应当期待复活。"同样地，克利索斯托姆斯说道（Homil. in Johann.）："既然这里有许多恶人过着幸运的日子，有许多好人在迫害中活着和死去，那么，如果没有复活，又怎能拯救上帝之公义呢？如果没有复活，这些人中的每一个，又怎能各得其应得呢？"简言之，结论就是：如果没有不死，则也就没有神意，而如果没有神意，那也就没有神性。"如果没有复活，那么，既无上帝，又无神意，一切东西，都是偶然性之俘获物"（Joh. Damascenus, de orthod. fide lib. IV. c. 28）。所以，摩尔耐（Ph. Mornaus）说得既短又好（deveritate Rel. Christ. c. 15）："凡是信仰上帝的人，也就信仰自己的不死；因为，这个思想怎会进入一个会死的本质呢？凡是信仰自己不死的人，也信仰上帝。"反之，虔诚而喜爱哲学的皇帝奥理略说道（XI, 5）："假如这——这里的'这'，就是指'人们是不死的'——是正当的，那么，就也是可能的，而如果这是合乎自然的，那么，自然也就使这实现，或者，使之成为不可避免的。"可见，这是不正当的，因为这不合乎自然；并且，这是不可能的，因为异教哲人的上帝——这个上帝，同样也是很有威力的和很善良的——毕竟只是做和只能做那按照自然来说是可能的事，而并不是那按照人的愿望来说是可能的事。基督徒们，至少是那些把一切都从自身推到上帝身上，对于自己工作的功绩并不看重的基督徒，当然并不以为他们自己之信仰不死是因为他们愿望不死，或者，像教皇信徒们那样甚至把不死当作一种应当得到的工资来索取（见加太克尔：《评奥理略》），而只是因为上帝应允给他们以不死，而凡是上帝所允许的，就是可靠的。但是，应允以不死，要以对不死的愿望本身为前提；这种应允，是上帝的诺言，而正因为这样，这个愿望的满足，就有了属神的、毫无疑问的可靠性。即使

———

古代异教徒和希伯来人之所谓的不死,正像前面曾经说过的那样,只是戴上了面具的、经过修饰的死;换一句话说,只是死之拟人法(人格化、活化或感性化),这种拟人法,在开始时是无意的,直到后来,才受到人工修饰。然而,难道我们借助真正的、明确的不死信仰——我们特别应该把这样的不死信仰归功于"基督的启示"——就真的超越死了吗? 当然,就外貌、幻想而言确是如此,但是,实际上却不是如此。死是生命之终端,而正因为这样,也就是我们进行思维和表象之终端、界限。属神的启示所允许给我们的不死,只是一个假面具,在这个假面具的后面,隐藏着可厌的死。

不死给我们显示了光亮面和阴暗面这正反两方面——天堂和地狱。但是,这种两面性,却正是死本身所具有的。西拉赫在《旧约》中说道:"哦,死啊,当一个生活舒适、无有烦恼、万事顺利、胃口良佳的人想到你的时候,感到你是多么地残酷啊! 哦,死啊,对于那既软弱又苍老、满腹烦恼、无甚盼望的贫穷之人,你又做了怎样的好事啊!"约伯问道:"受患难的人,为何有光赐给他呢? 心中愁苦的人,为何有生命赐给他呢? 他们切望死,却不得死,求死胜于求隐藏的珍宝。"①相类似的,希腊人也说道:"不活胜于恶活(贫困

————————

是路德派的神学家们也直言道,不死除了有神学上的根据以外,还有着心理学上的或为私主义的根据。例如,雷亨堡在评论阿泰那哥拉时关于死人复活说道(1685 Lips):"上帝——生命之创造者,热爱人的生命。所以,所有的人都天生地热爱生命。……但是,因为即使是最长的寿命也不能满足这种对生命的爱,所以,这就证明有另一种生命存在,以便满足人的这种企求。"

① 见《约伯记》,第 3 章第 21—22 节。——译者

而艰苦地活)";梅让德:"对于不能活下去的人来说,死是甜美的,是他所愿望的";爱斯启拉斯:"死人毫无苦痛";"人之憎恨死,是不正当的,因为,死是一切患难之结束"。如果从这个好的一面来看——好的、聪明的人,或者说,有宗教虔诚的、听从"上帝意志"的人,也就是说,听从必然性和不可避免性的人,就是这样来看的——,也就是说,如果从快乐的一面来看,那么,死就是天堂。所以,在原始时,天堂不外是关于死——就死是一切祸患、苦痛和斗争之结束而言——的表象。即使在神学的教条著作中,作为天堂之首要定义,也只是这样一个定义:天堂是"一切患难之不存在"。

但是,要使一切患难不存在,就必须以完全的不存在为代价。但是,死不仅除去了生命之恶,也除去了生命之善,除去了生命本身。只有从这个阴暗面来理解,才认为死一般地是"惊恐之王"。但是,特别是对那些不信上帝的人,不义的人——例如,无情的拜金主义者,傲慢的王公大人,"强暴的逆天者和食人者","大胆的饮酒英雄和吞肉者,时髦的好色者和亚马第斯的弟兄们"——来说,死尤其意味着惊恐,意味着严厉的审判,意味着惩罚。所以,在原始时,或者说,自在地,地狱也不外是关于死——就死是一切善良、一切生活享受和乐趣之不存在而言——的表象。

这可以很清楚地从下面看到。即使在《新约》中,地狱——被咒诅者们的地点或状态——也直接被称为"沉沦",称为灵魂或生命之丧失,称为"败坏"、"毁坏",甚至被称为"死"。纵使还有别样的说法,但总还是死之影像。所以,地狱也被称为牢狱。但是,同样恰当地,死也可以被形容为牢狱。例如,在《约伯记》和《西拉赫书》中说死是"一去不返"。大卫在他的一个儿子死去的时候说道："现在他死人。我岂能使他返回呢？我必往他那里去，他却不能回我这里来"[1]；这就是说，他的儿子绝不能从死那里走出来，绝不能离开死而回来。希腊人称死神为"辟拉特"，这位辟拉特，看守着大门，不放一个人出去；而"奥卡斯"——死人国——一词，在拉丁文中起源于一个具有关闭、禁锢或束缚之意义的名词。这样，地狱进一步就被称为"极度的幽暗"；可是，在《旧约》中，死也被称为"幽暗之地"（《约伯记》，第 10 章第 22 节），或直接被称为"幽暗"（《托拜阿斯书》，Ⅳ，11）。因为地狱只是上述死的阴暗面之富有诗意的和属于幻想的感性化与凡俗化，只是上述死的阴暗面之一种神人同形同性主义（Anthropomorphismus），所以，地狱惩罚之永恒性，也是一个必然的结果；因为，时间是生命的一个属性，而永恒性却是死的一个属性。约伯说（第 14 章第 10—12 节）："但人死亡而消灭……躺下不再起来"，这就是说，永远死了。诗篇作者也说道（《诗篇》，第 49 章第 20 节）："他仍必归到他历代的祖宗那里，永不见光。"在《托拜阿斯书》（Ⅲ，6）中，称坟墓或死人国为"永恒的地点"，因为，在这里，人们不能够想到别的什么。罗马诗人，例如塞尼加和义大利克，也称死人国为"永恒的居所"（aeterna aedes, domus aeterna），或者称之为永恒的幽暗，而称其居民为"永恒的幽灵"。幽灵之所以被称为永恒的，乃因为一度成了幽灵的人，便永远不再成为血肉之人，永远是幽灵了。如果幽灵、死人是一个被咒诅的（就是那因为自己

---

　　[1] 见《撒母耳记下》，第 12 章第 23 节。大卫干罪，强娶乌利亚之妻拔示巴，生一子。耶和华击打此子，遂得病而死。——译者

的滔天大罪而遭到咒诅的），或者，是一个福乐的（就是那因为活的时候的善良而在死后被祝福的），那么，显而易见，他也就永远被咒诅，或者，永远是福乐的；但是，在死的这种基督教的永恒性后面，还隐藏着死的异教的永恒性。基督徒们说："死后没有人再能够弃邪归正"，"在地狱中，罪恶没有希望得到宽恕，祸患没有希望得到解除"。但是，正像一个希腊诗人所说的，只有活人抱有种种希望；死人，则什么也不希望。Dum spiro, spero.（只有当我呼吸着的时候，我才抱有种种希望。）"我们永永远远将成为怎么样——是福乐的，还是被咒诅的——，只是取决于今生"，或者，正像另一些虔诚的基督徒所说的，甚至只是取决于死去的一刻；"永恒的福乐之或得或失，都在于这一刻"；"世界末日时我们的境况，同我们在死日或生活的最后一日的境况一般无二；在那可怕的一天我们所要受到的审判，就是按照我们在死的时候的境况（我们或者是慈悲的对象，或者是发怒的对象）"。可见，在此时此地，永远不变地决定了我的命运；随同死的来到，我们的存在和本质，也就永远完成了和定局了；在死前已经是天使（或魔鬼）的人，在死后也仍旧是天使（或魔鬼）。率直地说，这一切就是意味着：一切都随同死而结束，只不过，正像上面已经说过的，这种结束被人的愿望力和幻想力之显示一分为二，这样，一切患难的结束，被活化成为属天的福乐，且被规定或被愿望用以来酬报好人即信者，而一切生活善美本身之结束，也同样被活化，且被规定或被愿望用以来惩罚恶人即不信者。

———

但是，人怎么会使一切善美之不存在成为一切患难之存

在,——"在地狱中,什么患难都有",从而,成为一种充满着痛苦的
状态呢? 这并没有什么希罕;完全与这个同样地,他使刽子手同时
也成为折磨者,他不仅从贫苦的罪人那里夺取了生命,而且,除了
这样夺取至高的珍宝以外,还附以最大的患难——无穷尽的苦痛,
虽然并不是就期限而言,而是就痛苦之强度而言,例如,让野兽去
咬,活活地焚烧,活埋,油煎,剖肚挖肠,自下而上地处轮碾之刑,一
个一个关节的加以摧残,直到执行致命的一击为止。只有这样,曾
被侮辱的公义或自爱对恶徒——不管是以为的恶徒还是实在的恶
徒——的深仇切恨,才得到了报复。只有那"有技巧的"死,也即充
满痛苦的死,才是一种具有刺激性的、能够满足幸灾乐祸的美学口
味的死。没有处刑人的种种花样的死刑,就像没有厨师的香料的
食品一样。死虽然夺去了恶徒之最宝贵的和至高无上的珍宝,但
同时也使他免于遭受一切祸患,从而,也使他免于遭受好折磨人的
法官和刽子手们所加给他们的祸患。所以,提庇留皇帝把死看作
一种太以不足道的刑罚,他强迫甘愿死的人活下去,并且,当某一
次一个名叫卡努留的被判处死刑的犯人自杀了的时候,提庇留感
叹道:"卡努留从我手中溜逃了。"卡里古拉皇帝使被他判处死刑的
人被一针一针地刺死,这样,正像他所说的,他们就也能感到自己
正在死去。

死自在自为地并不可怕;不! 自然而然的、健康的死,也就是
说,年老寿终的死,当人已经像《旧约》中关于祭师和别的为上帝所
祝福的男子所说的那样过饱而厌于生活的时候的死,这样的死,甚
至是人的最终的意志和愿望,——至少,当他忠实于他的出于人的
本性的那些愿望和观念时是这样。只有非自然的夭折,才是可怕

的。所以,人只把这种死当作天诛。所以,先知以西结用锋刃(一般地,表示暴力)、疫疠(一般地,表示"恶病")、饥馑、猛兽这四大天诛来称呼死。这样,地狱就不是别的,只不过是那为属神的、也即宗教信仰上的迫切的报复心和幻想力所永恒化和独立化了的那种有技巧的、合乎刑法的死后惩罚。

　　在《新约》中,称地狱为"暗中之暗",为"有典狱官私刑拷打的牢狱",为"充满着哭声和牙床轧轧声的火炉",为"苦痛之地"(真正说来,应该说是受酷刑之地),在那里,被咒诅者们"永远受着火刑";这就是说,被活活地烧而永不烧毁——虽然他们愿望被烧毁——,因为上帝的刑罚力之全能不让他们死去,偏偏要他们活下去,以便像卡里古拉所说的那样使他们"感到死",像圣奥古斯丁以及别的一些基督教圣人们所说的那样使他们"无终了地死"。所以,他们也把地狱称为"永恒的死","不死的死","没有死的死,没有终端的终端"。人间的刽子手,只是以死作为他可怕的手艺之止境,并且,只不过限于一定种类的、有痛苦的杀法罢了。但是,地狱惩罚却包括了一切的痛苦,一切"只有富有发明天才的暴虐才想得出来的酷刑"。哦,这前后两种受刑,是多么地不可比较啊![1]

————

　　印度教和拜火教——这甚至是以后犹太教和基督教关于地狱

————————————

　　① 一位修道士和神学博士的话。P. Mezger,Sacra Hist. Aug. Vind. 1700. p. 633. 此外,在罗马诗人克劳提安那里,异教的死人法官迈诺斯* 也对卑鄙的鲁芬(Rufinus)说道:"我要判处你遭受一切种类的苦痛"(In Rufin. II,506)。——著者

　　* 迈诺斯(Minos),希腊神话中克里特(Kreta)之王及立法者,死后,就当了冥府中的裁判官。——译者

和一般地关于人死后之事的学说之历史源泉——证明,地狱里的惩罚与人间的惩罚和拷打,有着同样的意义,有着同样的心理学上的根据和起源。为了确凿地证明这一点,他们直接把地狱惩罚同民事或刑事的惩罚相互联系起来(例如,在拜火教徒那里有这样的话:"在这个世界中被责打三百鞭、六百鞭等等,在那个世界中,就要受三百年、六百年等等的地狱惩罚"),或者,使这两种惩罚成为同样性质的惩罚,例如,印度人在地上把奸夫放在一个灼热的铁床上加以焚烧,以为这样一来,他在地狱中也会被一个灼热的、铁质的少女拥抱住。当然,基督徒们并没有如此粗笨地说出属神的或属地狱的惩罚与属人的或属刑法的惩罚之同一性;然而,因为上帝不仅是一个爱和宽恕的上帝,而且也是一个忿怒和报复的上帝,在今世生活和未来生活中都最最残酷地惩罚罪人,所以,他们也使上帝成为死后惩罚之辩护根据[①],而且,至少在最最可怕的、有技巧的死后惩罚之一——火焚——中,清楚地给我们证明,就性质而言,合乎刑法的受刑并不有异于地狱之中的受刑,反之也然。例如,德波勒(Döpler)在《肉体惩罚与生命惩罚之战场》中关于"火焚"这种惩罚说道:"这种生命惩罚,是生命惩罚中奇特的一种,故而,甚至上帝也喜欢运用。因为,我们在《圣经》中看到,至高无上

---

① 在这一方面,可参看格劳修斯的《论战争法与和平法》,卷Ⅰ,第 1 章,§.5 和 8。B. Carpzov: Prmc. N. Rer. crimin. P. Ⅲ Qu. 101. 但是,关于基督教刑法学家们认为刽子手和折磨者(Tortoris,虐待者)是一种神圣的职业,有着属神的起源,而异教徒——特别是罗马人——却认为是很卑微的职业这件事,可参看德波勒:《肉体惩罚与生命惩罚之战场》,商特好森,1693 年,第 6 章,Nr. 57;也可以参看 Jod. Damhouderius: Praxis Rerum crimin. (《刑事之实践》),安特卫普,1601 年,第 155 章。——著者

的上帝,作为一个公义的审判官,怎样地出于公正的忿怒而从天降下硫磺与火来惩罚人的过度的罪恶和邪僻,就像所多玛七城①等事件所例证的那样。"可是,毁灭所多码和蛾摩拉的火,正像在《彼得后书》②和《犹大书》③中所写的,只是地狱的惩罚之火之例证。

德国人有时也称刽子手为"海默林师傅"(Meister Hämmer-ling),而正像在上面援引过的《战场》一书中所说的那样,由于有了这个名字,他就与魔鬼通同了,因为他有时也用魔鬼般的残暴来对人发怒。但是,"魔鬼般的",就等于是"属于地狱的";犹太人甚至称魔鬼为"死之天使",在《约翰福音》中,称魔鬼为"一贯杀人者",而路德也称魔鬼为"罪恶、死和一切悲惨不幸之造成者和发端者",从而,也就是地狱的悲惨不幸之造成者和发端者。我们愿望一个人成为刽子手,同愿望他成为魔鬼,是一样的;正像路德在《席间演说》中所说的,魔鬼是奉着主耶和华的名的刽子手,而刽子手是人间的魔鬼。

作为属于地狱或属于魔鬼的一种刑罚,特别要着重"渴"这种刑罚。财主在地狱中向祖先亚伯拉罕恳求说:"打发拉撒路来,用指头尖蘸点水,凉凉我的舌头。因为我在这火焰里,极其痛苦。"④可是,在基督教日耳曼的刑法这个地狱中,也并不缺少"渴刑",这种渴刑,"至今(1693年)还在某些地方,在刑罚女巫男魔时得到提倡和实施。在上刑以前,刽子手硬逼他们吃下一杯咸得很的汤(虽

---

① 见《创世记》,第19章,第24—25节。——译者
② 见《彼得后书》,第2章第6节。——译者
③ 见《犹大书》,第1章第7节。——译者
④ 见《新约·路加福音》,第14章第24节。——译者

然他们是最最不愿意吃进去和咽下去),然后,把他们关进一间非常热的刑室里,这样,挂在梯子上的女巫就拼着命要喝茶,苦苦哀求,宁可不要活下去"(见德波勒:《战场》)。还有许多许多的例子,可以来证明暂时的地狱与永恒的地狱之同一性,属人的地狱与属神的地狱之同一性。

备考和例证

　　"乌拉尔山上的伏古尔人以及许多布里亚特人和通古斯人,都把死看作是一种来自上帝的惩罚,他们在死后既不惧怕什么,也不期待什么,因为他们幻想,神灵们由于人的死而完全称心满意了。"①同样,基督徒们也相信,死并不是自然的必然性的一个结果,而是像奥古斯丁在他的《上帝之城》一书中所说的那样,是由于上帝的愤怒而作为一种惩罚加在人们头上的;但是,并不值得自豪的,基督徒们与这些伏古尔人、布里亚特人和通古斯人却有着这样一个区别,即基督徒们并不让自己的上帝因了人的死就称心满意了,而是在死后,也即在受过了惩罚之后,还要让人——至少是罪人们,即不信者们——永永远远地被酷刑责罚。

　　基督教认为,正像路德在那已在我的初著中被援引过的地方②所说过的那样,"一切动物之死去,并不是由于上帝的愤怒和失宠,而是按照自然、按照上帝的秩序为了人的利益而死去;但是,人们的死,却是起源于上帝的愤怒和失宠"。基督教的这种观念,

---

　　①　迈涅尔斯:《宗教批判通史》,第Ⅱ卷。下面谈到野蛮民族的各种观念的一些地方,也都取材于这一本著作。——著者

　　②　参看《论死与不死》,1903年全集本,第Ⅰ卷,第71页。——著者

明显地证明了,基督教的本质不是别的,只不过是一种非自然的和超自然的、超自然主义的利己主义。动物的死,没有什么稀奇,完全在于秩序之中;但是,人的死却是一种例外,是与自然的秩序相矛盾的,因为它与人,至少是那种在自己的幻想中自以为是一个超自然的、世外的本质,从而,自以为是一个不应当死去、不与死相协调的本质的人的利己主义相矛盾。所以,基督徒之所以对动物残暴,归根结底乃在于基督教的本质本身。虽然圣经中有"义人也怜悯自己的牲畜"这样的话,但是,也是在圣经中,却说太阳因了人的缘故而停住。但是,如果一切都是为了人而存在,如果人的利己主义是一切事物和本质之最终根据,那么,只要对我来说有利可图,我为什么不能折磨和虐待动物呢?所以,如果说基督徒是怜悯动物的,那么,这只是由于他的天然感情,而并不是由于他的超自然主义的自负与利己主义之灵感。

————

"所以,一切都在于你是否相信,在今世生命之后还有另一种生命。……如果你信仰,在今世生命之后并没有另一种生命,那么,我就丝毫也看不起你的上帝。当然,你倒确是可以随心所欲了。因为,没有上帝,也就没有魔鬼,没有地狱,这样,一个人的死去,就等于一棵树的倒下或一只牝牛的死去。这就正像圣保罗所说的(《哥林多前书》,第 15 章,第 32 节):我们就吃吃喝喝吧,因为明天就要死去。"路德的这些话,显然地证明了基督教之粗野,因为基督教只有在彼世才分得清人与牝牛,才分得清正常的吃喝与狼吞虎咽。但是,基督教从人的必死性中所得出的结论,却非但粗野,而且又愚蠢。正是因为我们明天就要死去,所以,我们不愿意在今天就大吃大喝,直到死了为止;正是因为我们不会永远活下去,所以,我们不愿意像路德在同一个地方所说的那样在"吃喝嫖赌,杀人放火"中虚度年华,不愿意由于愚蠢和恶行而使我们的生活更为苦恼。正是因为人预见和预知他自己的死,所以,虽然他也像动物一样地死去,但他与动物不同,甚至能够把死提升为他意志的一个对象。我必然要死;但是,我不仅必然要死,而且,我也愿意死。凡是以我的本性、我的本质为基础的,就不与我相矛盾和对立,就不是与我相敌对的本质;那么,我的意志怎能来加以抵抗呢?不!我的意志应当是与我的本质相一致的:这样,作为我的本质的结果,死就应当像其他一切天然的必然性一样,是合乎我的意志的。如果说基督徒因为死是一种兽性的行为而感到死是一件羞愧的事,那么,他就也应当感到生殖行为是一件羞愧的事,从而,应当弃却同床共枕之乐,进入沙特勒兹修道院。如果说死有伤基督徒的尊贵,那么,生殖行为,一般地,人,就也有伤基督徒的尊贵。一个属天的、属神的本质,是不会死的,但是,却也养不出小孩子来。可见,对于基督徒来说,只有两条路:或者是顺受死的必然性,抛弃不死,或者是承认,他之从修道院里逃出来,是与他的基督教的、不死的本质相矛盾的。为了证明,死并不与人的本质相矛盾,从而,基督教的不死,一般地,基督教的本质,如上所述,就只是基于人的意识和意志与人的本质之割裂和矛盾,——为了证明这个,我们可以来看一下希腊人,因为,老年人"绝大多数都不怕死①,并且,常

---

①   而且,即使是怕死,也并不证明死与人的本质之相矛盾,因为,这种惧怕,往往是基于人们的一些最最愚蠢的观念。——著者

常很诚恳地企求死；一些年老体衰的人，像康德一样，甚至把这种企求提升为焦急的渴望"①。但是，康德的这种焦急的渴望，并不是以某种对彼世的企求作为其根据；因为，康德在死前不久还这样来回答他应许自己从未来得到些什么这个问题："没有什么一定的东西。"另一次，他又回答道："关于状态方面，我什么也不知道。"所以，西塞罗在他的著作《论衰老》(*de Senectute*)一书中说得很真实和很美丽："即使我们知道不会不死地存在下去，但是，人还是值得愿望(他的生命)能够及时地熄灭。因为，像安排其他一切现象一样，自然也是这样来安排生命，这就是，使它在老年时剧终而尽，这样，使我们不致困倦，特别，使我们不致过饱而厌。"

————

"彻雷米斯人……承认，他们不配有另一种生命。"但是，难道我们所有的人不是也应当诚实地承认，我们不配有另一种生命吗？我们是怎样来度过今生的呢？在无聊的社交中，在无谓的街谈巷议中，在政治阴谋中，在宗教纠纷中，在博学的愚蠢中，在家庭不睦中，简言之，在一切种类的卑贱、无谓和荒谬中！可是，我们为什么要这个样子来过我们的生活呢？是不是因为我们生活得太短呢？不！是太长了。如果日子缩短一半，那么，人们将会多么幸运地过他们的日子啊！有多少人，在老年时还像个小孩子似的！有多少人，在精神方面和道德方面，在青年时便都已衰老了！这些人，除了消磨生命或烦扰自己与别人以外，还能够怎样来使用他们的余生呢？所以，我们在自问配不配有另一种生命以前，先要自问配不

———————

① 布尔塔赫：《生理学》，第 III 卷。——著者

配有今世生命。

　　"堪察加人相信,这里的穷人,在另一个世界中成为富人,而富人则成为穷人,这样,在这个世界和那个世界,这两种状态之间就有着一定的平衡。至于善恶之各别的报应,他们认为是不必要的。在这个地上犯了偷窃、奸淫等罪恶的人,已经受到了足够的惩罚,或者是被殴打,或者是被处死,至少,再也找不到朋友,从而,既无帮助,又无钱财。"这些堪察加人难道不是使基督徒们感到羞愧吗?因为,正是基督徒们,除了人和自然所加给恶行的惩罚以外,还需要一位属神的刑事法官;正是基督徒们,公开承认,如果他们捐献给同胞们——并不是出于爱,而是出于无奈,只是因了上帝的命令和职责的命令——的那些芬尼,不能够在天上百倍地得到偿还,那么,他们就要"吃喝嫖赌,杀人放火"了。哦,基督教啊,基督教啊!我必须再一次喊道:虽然你表面上做得好像有牺牲自己为了别人的那种爱,但是,你实在却是最粗鲁、最庸俗的利己主义。你用上帝的名义使利己主义成为世界之始端——上帝之创造自然界,只是为了让人消费和享受——,并且,又用天堂的名义使利己主义成为世界之终端,以便赔偿人在享受自然界时所必然遇到的那些困难。

　　　　　　　　　　　——

　　普卢塔克在他的著作中论到根据伊壁鸠鲁的原则之不可能得到愉快的生活时说道,伊壁鸠鲁派既然不像那些想到灵魂的人——例如,毕达哥拉斯、柏拉图和荷马——那样能够期待着复见所爱的死人,那么,他们就剥夺了人、从而也剥夺了自己之最最美好的盼望。事实上,只有爱,才是不死之唯一光明正大的理由;因为,这个理由,是纯粹属人的理由。当然,这个理由也是基于人的自爱,因为,复见之企求,并不涉及别的与我无关的人;我只希望复见我自己的亲友,我自己的孩子、妻子、父母和朋友! 但是,真正的、基于人的本质的自爱,不可能被驳斥的自爱,却就是那在对别人的爱里面得到满足的自爱,就是那必然的、无意的、间接的自爱;因为,对于任何一个对象,如果我并不因了它而感到有什么乐趣和喜悦,那么,我也就不能爱它了。没有利己主义、没有自爱的对对象的爱,是超自然主义的妄想,是没有爱的爱。现在,爱这种感情,起来反对对所爱的人的死加以承认,反抗死之必然性;因为,除了自身之外,它根本不认识什么规律;它甚至认为,否认死人有生命,乃是一种蛮横,是一种残忍。爱要摒除一切致使所爱者痛苦,违逆他,损害他的自恃和快感的东西。那么,它怎肯让死来剥夺所爱者的生命呢? 怎肯容忍、承认死这种最可怕的否定呢? 然而,如果我们竟认为,在我们的内心与死的这种斗争中我们是为了死人而进行战斗,那就是我们自己骗自己了。我们之进行斗争,只是为了我们自己;我们想,凡是压迫着我们的,也就压迫着死人;所以,我们之所以要把死人从死的桎梏中解放出来,乃是为了把我们自己从悲痛的桎梏中解放出来。我们并没有考虑到,我们之证明不死,已经太迟了,因为,我们甚至袖手旁观,束手无策地听任死人在我们的眼前死去,也就是说,听任最严重的、最令人心酸的一幕——死去的一幕——毫无阻碍地在我们的眼前演出,而现在,死人已经没有任何需要,从而,也就不再需要生命了;我们并没有考虑到,不死之唯一的证明就是:不死去。所以,在我们证明不死的时候,在我们为了所爱的死人的生命进行斗争的时候,我们就成了真正的唐·吉诃德；我们只是在捕风捉影，一方面，为反对死而进行斗争，另一方面，却听任我们所爱的人死去；也就是说，我们所进行的斗争，并不是针对真实的祸患，而是针对着一个假的祸患，一个只是我们幻想的祸患，一个只是为我们、而不是为死人的祸患。所以，要证明是否曾经存在有一种全能的爱，那么，只要看它是否让人死去。至于在死后才使人复活的那种全能，则只不过是人的幻想力之全能而已。

最后还要注意，那种以复见之需要为依据的不死论证，只是针对个别的不死；因为，有无数人并不感到有这种需要，他们非但不愿望复见心爱的朋友、亲戚和教友，而且，还愿望不再看见他们。只有那些密切相爱的人，才感到死是凄惨的。但是，即使是这些人，也不见得会在不死之中满足他们的愿望；因为，爱所愿望的，是整个的、健全的人，也就是说，是这样的人，他存在于这里今世，有着他的一切为幻想的、基督教的完善化理论所极力反对的缺陷、渣滓和错误。

———

一位肤浅的评论家在评论我的《论死与不死》时说道："世界并不是一棵只有叶子而不开花的树，而是一棵满树花开的树，并且，在每一朵花中，整个的都得到了新生。"我们不妨用莱布尼茨哲学的语言来补充一句说，在每一朵花中，都反映了宇宙，都反映了无穷的东西；所以，每一朵花都像树本身一样地恒久。想得和说得都很美！但是，虽然有这些美丽的言语和思想，我们却还是看到花朵枯萎，看到人们死去。在必死性的感性的事实面前，一切不死证明还能做些什么呢？

我们也常常看到,人怎样逐渐地消亡;

一个关节接着一个关节,失去了感觉和生命。

先是足趾和足趾甲变蓝了,

然后,脚也死了,腿也死了;

冷酷的死的脚步,慢慢地爬上其他的关节。

(卢克莱修:《物性论》,第Ⅲ卷,自 525 起。)

　　"是的! 可见的死,也只涉及人的可见的、感性的东西,从而,也即人的可消亡的东西。"①然而,难道可消亡性只是感性的一个宾词吗? 难道没有精神上的可消亡性吗? 人们的国家、制度、宗教、上帝,不是也会消亡的吗? 难道十八世纪的精神,就是十九世纪的精神吗? 青年人的精神,就是成年人的精神吗?

　　我所写的每一本著作,都是我的本质的一面镜子,是我的才能的印本,并且,在我写它的时候,是我所能够知道的和想到的最高峰;然而,那对我来说先天地具有永垂不朽的意义的著作,却随同时间的推移而化为乌有。人也是这样。每一个人都是宇宙的一面镜子;每一个人都是一本著作,在这本著作里,自然界给了它自己在这个和这些条件及状况下所能够给的;每一个人在读他自己的

---

　　① 除了最后的生理学上的论据以外,卢克莱修反对不死的那些论据,至今还不失其效。例如,为了驳斥必死的本质与不死的本质之荒诞的结合,他已经说得比任何一个人都要来得好:

　　"要想使必死的东西与不死的东西结合起来,使二者都有感觉,协力同心,这是怎样的荒谬和妄想啊!

　　我们不应当这样来想。"

　　卢克莱修:《物性论》,第Ⅲ卷,第 801—803 页。——著者

著作时,都是如此地醉心,以致他先天地论证它的不死,以致他绝
对不会想到,它以后会变成废纸。但是,虽然如此,后天地还是会
证明,这本著作并不是自然界的结语;自然界不停地创造新的著作
来代替旧的著作,因为自然界本身就是在变化着的,从而,在旧的
镜子中,就不再认得出自己。假如宇宙真的始终如一,那么,也就
永远只存在有某些个体,始终如一;他们也就不会死去了。但是,
宇宙在改变着;这样,也就必然要有另一些个体来到世上,在他们
里面,宇宙的这种改变了的本质得以集中和反映。既然人是会消亡
的,那么,同样地,人的精神也是会消亡的。"精神?精神,难道对精
神来说还没有空间和时间来测量星星,掌握无穷的东西,掌握万有
吗?"但是,你不是看到,在眼睛里也反映了无穷的东西,反映了万有
吗? 星星世界如果不是你眼睛的对象物,那么,还会是你精神的对
象物吗? 而且,你毕竟也亲眼看到,唯一启露"天的奇迹"的这个眼
睛,怎样地熄灭。那么,这个现象怎样与眼睛之属天的、万有的本性
相协调呢? 也就是说,为什么你因了精神的伟大而忘却了眼睛、感
官的伟大,一般地,忘却了形体的伟大呢? 是不是像柏拉图主义和
基督教教义所主张的那样,形体是"精神之烦累的桎梏"呢? 多么荒
谬啊!形体是理性的基础,是逻辑必然性的绳束,而只有这种绳束,
才把人带往理性,防止他的思想迷失于想入非非之中;当然,就这样
的意义而言,形体确是一种桎梏,但是,这种桎梏只是使本性这个卫
生警察来管制人的癫狂。十九世纪,基督教的摩尼教①还说道:"如

---

　　① 或者:"按照理性和对于思想界读者的启示来说,宗教信仰学说。"卡·高·白
莱志拿特(1776—1848)。——著者

果不是那笨重的肉体把我们困住在我们出生的那块土地上的话，那么，我们就完全能够认识美洲、非洲和地球上一切我们不知道的土地。"多么可笑！难道你不是用你的脚走到非洲和美洲去的吗？但是，你当然觉得步行是太以枯燥和辛苦了。你想要做一个基督教的天使，一下子飞过阻碍你获得地上知识的困难之山。但是，难道你没有看到，这种在飞翔中得到的知识，却也正是一种不持久的、表面的知识吗？难道你没有看到，身体的重量，正是坚牢固实的知识的基础吗？一般地说，是从什么时候起，基督徒们才有了对地球、自然界的知识呢？是从这样的时候起，即当他们不再把肉体看成是"精神的桎梏"，不再在思想或幻想的飞翔中像天使一样地抛离了自然，而是已经使形体成为科学的基础和手段。唯理主义的摩尼教继续说道："我们完全有能力去认识和了解在月亮、水星、金星等行星以及彗星、太阳上面的东西，但是，形体把我们困住在这个地球上。"多么可笑！由于有了形体，我们才有眼睛，才能够看到太阳、月亮和星星。现代天文学之宝富，正是起源于它看到了旧的天文学所没有能够看到的。当然，形体不允许我们离开地球；但是，这种限制，是非常合乎理性的限制，它只是对我们说苏格拉底的那一句名言：认识你自己。这种限制，提醒我们不要像基督徒那样因了天而忘了地，因了远的而忘了近的，提醒我们不要为无关紧要的小事而烦恼，要用地上的人所具有的、能够具有的和在历史进程中将要具有的关于星球的知识来满足自己。关于星球，我们知道了必要的和本质重要的。当然，这并没有能够满足好奇心；但是有谁能够满足它呢？它的问题，是层出无穷的。所以，再谬误不过的，就在于在讨论人的不死问题时只抓住了精神这个方面，并且，把精神从它的可见的本质，一般地，感性的本质中抽离出来，似乎感官连发言权都没有。然而，这种谬误终究还是必然的；因为，为了从人里面引申出一个不死的精神，将它送往天上，我们就必然会命令感官闭口，只是听从自己的幻想。在这种意义上，精神，也就是说，没有形体、没有感官、没有地点限制和时间限制的本质，当然是不死的；但是，这种精神，这种本质，并不是实在的本质，而是被幻想的本质，只不过是人的幻想力所造成的本质。在幻想中，你完全能够一下子飞越一切时间和空间；但是，请注意：只不过是幻想中的时间和空间。这样，你怎么能够想从这种被幻想的超越时空中归结出现实的没有时间和空间的生存呢？唯灵主义者在阐述他自己的神学与不死之首要论据时说道："我设定或设想，不存在有人，不存在有形体，不存在有世界。"但是，你是不是相信，真的因此就不存在有形体，不存在有人，你自己真的就不依赖于形体地存在着和思维着吗？你准备怎样来证明这个与身体区分开来的本质具有不死的生存呢？请先证明这个本质不是思想，不是幻想，然后再来证明，它具有生存。但是，你能这样做吗？不可能。存在着，就是指感性地存在着。

　　你凭着知识和意志，与肉体相分离地思想你自己，但是，不管知识和意志，你实在确是与肉体相结合着的，并且，只有在这样的结合之中，你才能够进行思维。正是因为你这样方式地把自己从肉体中分离出来，所以，你就推断出你具有与肉体相分离的本质，并且，把这种本质表象成为特殊的、独立的、不死的本质。但是，这种本质却并不是你真正的本质；它只是镜中之像，只是一个幽灵，只是抽象之产物；它只是一个提要，而当你使它从它的合乎自然的联系中脱身出来以后，它就越发使你惊诧了。这种本质，只是一个结论,但是,由于你看不到媒介它和奠基它的前提,因而你就把它看成是一个公理。你在思维,但是,在思维时,你却不以思维的基础和条件,也即思维的感性前提为对象;这样,你就把思维独立化为一个绝对无条件的本质,而这个本质,简单地由于它除了在思维者的脑袋中以外并没有其他的生存,所以,也就决不会丧失它的生存。因此,思辨哲学与基督教,乃是一丘之貉:用意识、外貌来代替本质,并且,按照它神学上的一贯的歪曲作风,由外貌演绎出本质,由纯粹的、思辨的"我",也即抽象的、派生的"我",演绎出经验的"我",也即现实的、原始的"我"。

————

"在彼得大帝时代,俄罗斯人还相信,只有沙皇和贵族们,才会进入天堂。"根据俄罗斯人的观点,人们应当让肉体死去,而让精神永垂不朽。贵族或沙皇,是精神,而臣民或普通的俄罗斯人,则是肉体。但是,正像沙皇陛下只是存在于俄罗斯人的臆测和幻想之中一样,精神陛下,也只是存在于人们的幻想和他们对他们真正的本质之无知中。俄国的老百姓,丝毫也不知道他们沙皇的历史,并不知道,皇帝陛下归根到底还是一个养猪人,或者,是另外一种差不了多少的人;这样,由于他们对陛下的历史条件之无知,他就使沙皇成为他幻想的一个造物,成为上帝恩宠的一个本质。同样地,唯灵主义者也丝毫不知道精神之"可耻的史记"[1],丝毫也不知道

————

① 一位解剖学家在某一次说明子宫的形状和地位时说道:"在这里,我们这些以我们的贵族出身自豪,感到高人一等的人们,可以对镜自照一下:这里,是我们的第一个居所,而这第一个居所,却是在尿粪之间。"是的,在这里,你们这些蔑视人的自然起源、蔑视精神之物质的、感性的产生,自以为起源于上帝或精神的道貌岸然的唯灵主义者们,对镜自照一下吧! ——著者

他的一切超自然主义的幻想和抽象之自然产生史,丝毫也不知道他与人的普通的、感性的本质之同一性;这样,他就使人成为一个上帝式的本质,也就是说,成为一个只是凭借人的抽象、幻想和无知才存在着的本质。俄罗斯人丝毫也不知道,沙皇并不是为了沙皇而存在,而是为了俄罗斯人而存在,并不是人为了国家而存在,而是国家为了人而存在;丝毫也不知道,皇帝陛下之所以被奉为神圣,是因为只有这样,俄罗斯老百姓的生命、人格和财产,才得以成为神圣;丝毫也不知道,陛下的光辉,并不是自生的,而是派生的反射光。同样地,唯灵主义者也丝毫不知道,并不是人为了精神而存在,而是精神为了人而存在;丝毫不知道,感性的本质,并不是精神的一个属性甚或一个附属物,反之,精神却是感性的本质的一个属性;丝毫不知道,只有感性的本质,才感到有进行思维的需要,也就是说,感性是理性、精神的基础、前提。但是,这个前提,并不是像黑格尔的逻辑学的前提那样表现为一个虚无的、伪假的、暂时的真理,而是一个永恒的真理。

——

〈有一次,当富丽堂皇地走出来的科隆大主教因此而遭受到一个贫穷的短工的嘲笑的时候,他为了为自己辩护,就说道:"我不仅是一个教士,而且,又是神圣罗马帝国中的一个世俗的官吏,一个贵族。"短工反驳道:"但是,当魔鬼将官吏送进地狱里去的时候,哪里还有大主教呢?"①我同样也要问神圣的基督教日耳曼教会王国中的一切成员:"当世俗的、属肉体的统治者被送往魔鬼那里去的

---

① 秦格莱夫《德意志格言集》。——著者

时候,哪里还有属灵的统治者呢?">①

　　"一切被用来反对不死的论据,怎能驳斥感觉呢? 我却正是预感到我的未来生存,我感到我是不死的;这样,我就是不死的,因为,感觉是不欺骗的。"这就是说,只要我幻想、信仰我是不死的,那么,我就感到我是不死的;同样地,如果人幻想自己是由白脱油做成的,那么,他就感到自己是由白脱油做成的,如果他信仰——不管是出自本意还是由道听途说所得——他的鼻子会日益增大,那么,他就感到他的鼻子不断地在生长。当然,感觉是不欺骗的;但是,这只是指原始的、直接的感觉,只是指这样一种感觉,它以自己的对象物之显然的限存在、明了的现存为前提,为证明的对象。这样的感觉,是对存在的感觉,是关于"你存在着"的感觉。但是,你怎能感到你将要存在呢? 未来并不存在于现在;他只是幻想之对象。那么,你怎么还能够感到你将在死后存在呢? 在你的目今生存与你的未来生存之间,甚至还有死挡着。你怎么可以想要感到已经穿过了这层隔板呢? 所以,只有表象、幻想和反思,才哄骗你说你死后仍旧具有一种生存,而这种生存,现在当然成为既是幻想的对象,又是你的感觉的对象。但是,正因为这样的感觉只是你的幻想和反思之产物,所以,它也就没有什么有效性和权威。作为感觉的感觉,既不对你说你将不存在,也不对你说你将存在;它只对你说,你现在存在着;它既不了解死,也不了解不死,同样地,既不了解无神论,也不了解有神论。感觉永远是一个小孩子,但是,小

---

　　① 三角括号内的故事,见于1847年版的全集本,第3卷,第405页。——俄文编者注

孩子既不知道有一位上帝存在,也不知道没有上帝存在。"我实在告诉你们,凡要承受神国(也就是人国)的,若不像个小孩子,断不能进去。"①

———

"智慧人必发光,如同天上的光。"②十八世纪一位基督教神学家注释说,从但以理的这句话中可以看到,不仅选民③的福乐中分有等级,而且,学者比非学者具有更大的尊贵。关于这一点,神圣的希罗尼摩斯说得很好,是我们所不应该忽略掉的:"人们常常问,博学的圣徒和不学无术的圣徒,是否将在天堂中获得同种的报酬和同种的居所呢? 根据提奥多欣(Theodotianus)的见解,学者同天上的光相仿,而另一些虽然也为人公义,也为神所拣选,但却是不学无术的人,就只与星光相仿。"看! 在基督教里,人的虚荣心也决不随同死而结束。即使在天上,一个人也希望发出超过别人的光辉——一个有着"星星的光辉",另一个有着"月亮的光辉",第三个有着"太阳的光辉";即使在天上,也同这里有着同样的区分和等级:低级福乐者,高级福乐者,至高福乐者。那个黑人在婉言谢绝基督教的不死时说得很对:"在死后,一切都结束了,至少,对我们黑人来说是这样;我并不想有另一种生命,因为,在那里,我也许又要做你们的奴隶。"

———

① 《新约·马可福音》,第 10 章第 15 节 。——译者
② 《旧约·但以理书》,第 12 章第 3 节。——译者
③ 在《旧约》中,选民是指以色列人,而把其他一切民族通称为外邦人;到了《新约》,一切跟从十字架的信徒,一切因了基督之宝血而使罪孽得到赦免的信徒,就都是选民。——译者

———

　　基督徒,至少,古代的基督徒,说道:"只有在今世生命中,上帝才给人以机会去获得永恒生命。""今世生命虽是极其短促的,但是,永恒生命之得失,却取决于它。今世生命虽是极其困苦的,但是,永恒的福乐之得失,却取决于它。"可见,今世生命永永远远地决定了另一种生命的性质;如果今世生命是不良的,则未来生命也是不良的,而如果今世生命是善良的,则未来生命也是善良的。所以,今世生命实际上并没有暂时的意义,而是具有永恒的意义;在这里,我永远活着,因为,我的本质永不改变。彼世只是今世之回声。所以,我们看到,古代基督教也确认,另一种生命,归根到底只不过是被表象成为无穷无尽的今世生命而已。

———

　　最后,我必须对"一般的不死信仰"这一章作这样一点补充,即有些民族径直以为死人有两种灵魂:一个灵魂留在尸骸内,而另一个灵魂进入灵魂国。关于活人,一个灵魂表现了呼吸之现象,而另一个灵魂表现了表象、特别是做梦之现象。但是,在"灵魂"这两个字旁边,我必须再一次注解一下:基督徒们把他们的有神论的观念和心理学的观念强加在异教民族头上,虽然这些异教民族既不知道我们意义上的上帝(一个人外的抽象本质),也不知道我们意义上的灵魂(一个人内的抽象本质)。例如,库克在第三次和最后一次旅行中关于友谊群岛①的居民说道:"关于灵魂之非物质性和灵

———

　　① 　友谊群岛,英文名为 Friendly Islands,又称为东加群岛(Tonga Islands),南太平洋中的岛群,英国之保护地。——译者

魂之不死,他们具有相当正确的概念。"但是,虽然如此,"灵魂,至少是普通男人的灵魂,却被一只名叫洛亚他(Loata)的鸟吃掉"。此外,基督徒们如果甚至在最最野蛮的民族的灵魂中认识他们自己的灵魂,那么,当然是做得很对的;因为,我们一切基本的宗教观念和心理学观念,只不过比野蛮民族的观念更为精细,更为抽象而已,然而,归根到底,还是一样的。

引自李希登堡

"对一位上帝的信仰和对灵魂不死的信仰……"是必要的,因为,如果这两个支柱被动摇了的话,那么,就要有成千上万的人成为不幸者了。但是,如果这应当是神圣不可侵犯的准则,那么,我们将有的,就不是两个支柱,而是立刻又有整个的柱列。我认识一个十分正直的人,他,当他想到他有一天将要触碰五个伤口,用他的手指插入其内等等的时候,竟流下了感动之泪。人们不应当来破坏情绪之内在的和平。那么,如果不去破坏它,一个人又将怎样呢?进一步要问:破坏是怎样开始的呢?谁应当来决定破坏之开始呢?一言以蔽之,在这里有着一切的困恼,而这些困恼,却都是与半途而废相联系着的。

———

关于死后灵魂之留存,一定是先被信仰,然后才被证明。但是,信仰这个,其实并不比为单单一个人建造许多可容一百人的房子更加来得希罕,并不比称一个少女为女神,称一个戴着冠冕的首脑为永垂不朽者更加来得稀罕。

———

人,当他的基本知识不再够用时,就成了一个诡辩家,就会过于诙谐;所以,当谈到不死和死后生命时,必然地,所有的人都会这样。在这一方面，我们所有的人都不具有基本知识。唯物主义是心理学之渐近线。

———

"在我们的生命之后，将同在我们的生命之前一般无二"，——这是一个出于天性的、无可争辩的概念。人们虽然还不能够对这个概念加以证明，但是，与别的一些状况——神志不清、昏迷——一起，它对我来说却有着一种无可抗拒的威力，而且，猜想起来，一定还有许多许多的人也是这样，虽然他们并不愿意加以承认。没有一次争辩，使我信服其反面。我的见解，是本性；艺术就不同了，它的结果，只要可能，就可以强力地与一切相矛盾。

———

似乎，只有最少的人，才真正地和正确地深思不存在之价值。我把死后的不存在，表象成为同我出生以前所处于的状态一般无二。真正说来，死后的不存在还不是淡漠——因为，淡漠还能够被感觉得到——，而是"无"。如果我处于这种状态——虽然这里用"我"和"状态"这两个名词，是不很恰当的——，那么，我相信，必定有某种东西，与永恒生命保持着完全的平衡。就生物而言，存在与不存在，并不互相对立；互相对立的，只是不存在与至高的幸福。我相信，不论处在这两种情况中的哪一种，都同样地会感到很快乐。

———

难道我们不是已经复活过了吗？当然是这样。通过复活，我们不再像复活以前那样，关于现在的状态，知道得反而比我们在现在的状态中关于未来的状态所知道的还要少。我们以往的状态对我们现在的状态的关系，也就是我们现在的状态对我们未来的状态的关系。

　　世间一切患难，都归咎于对于旧规律、旧习惯和旧宗教之盲目崇拜。

图书在版编目(CIP)数据

从人本学观点论不死问题/(德)费尔巴哈著;荣震华
译.—北京:商务印书馆,2022(2023.1重印)
(费尔巴哈文集;第7卷)
ISBN 978-7-100-20807-9

Ⅰ.①从… Ⅱ.①费… ②荣… Ⅲ.①人本主义—
研究 Ⅳ.①B087

中国版本图书馆 CIP 数据核字(2022)第 039244 号

费尔巴哈文集

第 7 卷

从人本学观点论不死问题

荣震华 译

商 务 印 书 馆 出 版
(北京王府井大街 36 号 邮政编码 100710)
商 务 印 书 馆 发 行
北京通州皇家印刷厂印刷
ISBN 978-7-100-20807-9

2022 年 7 月第 1 版 开本 710×1000 1/16
2023 年 1 月北京第 2 次印刷 印张 12¼
定价:85.00 元